La Pianiste

Dans la même collection :

Scénarios bilingues :

The Straight Story, Mary Sweeney et John Roach
Annie Hall, Woody Allen et Marshall Brickmann
Manhattan, Woody Allen et Marshall Brickmann
North by Northwest, Ernest Lehman
Deconstructing Harry, Woody Allen
The Big Lebowski, Ethan Coen
Tout sur ma mère, Pedro Almodovar
Lost Highway, David Lynch et Barry Gifford
Tabou, Nagisa Oshima
O Brother where art thou, Ethan Coen et Joel Coen
Esther Kahn, Arnaud Desplechin et Emmanuel Bourdieu
Dancer in the Dark, Lars von Trier
The Barber – *The Man who wasn't there*, Ethan Coen et Joel Coen

Scénarios :

Les Contes des 4 saisons, Eric Rohmer
Ceux qui m'aiment prendront le train, Patrice Chéreau
Le Septième ciel, Benoît Jacquot et Jerôme Beaujour
Rosetta, suivi de *La Promesse*, Luc et Jean-Pierre Dardenne
Breaking the Waves, Lars von Trier
Romance, Catherine Breillat
Rien sur Robert, Pascal Bonitzer
Fin août début septembre, Olivier Assayas
Le Destin, Youssef Chahine
Y'aura t'il de la neige à Noël, Sandrine Veysset
Western, Manuel Poirier
La Maman et la Putain, Jean Eustache
Six Contes moraux, Eric Rohmer
Comédies et proverbes (Volume I et II), Eric Rohmer
La Nuit américaine suivie de
Journal de tournage de *Fahrenheit 451*, François Truffaut
Les Destinées sentimentales, Olivier Assayas et Jacques Fieschi
Après la réconciliation, Anne-Marie Miéville
Le Dernier Métro, François Truffaut et Suzanne Schiffman
On appelle ça… le Printemps, Hervé Le Roux
À ma sœur ! Catherine Breillat
Le Pornographe, Bertrand Bonello

Petite anthologie des Cahiers du cinéma

I. Le goût de l'Amérique
II. Vive le cinéma Français !
III. La Nouvelle Vague
IV. La politique des auteurs – Les Textes
V. La politique des auteurs – Les Entretiens

Michael Haneke

La Pianiste

scénario

d'après le roman de Elfriede Jelinek

Petite bibliothèque
des Cahiers du cinéma

En couverture : Benoit Magimel et Isabelle Huppert.
Photo : © 2001, WEGA - Film
Conception graphique : Atalante
La Pianiste a été réalisé par Michael Haneke, d'après le roman de Elfriede Jelinek, publié aux éditions Rowohlt (Allemagne) sous le titre *Die Klavierspielerin* et en France aux éditions Jacqueline Chambon.
La Pianiste est sorti en salles le 5 septembre 2001, distribué par MK2

ISBN : 2-86642-318-6
ISSN : 1275-2517

Préface

Au fil du temps

par Elfriede Jelinek

Le cinéma, c'est le mouvement, une effusion temporelle qui repose sur une planification extrêmement précise. Seules des mesures très brutales peuvent forcer les images à se placer dans une succession déterminée et à y rester – en mouvement – mais on a auparavant calculé avec précision comment cela doit se passer.
Le cinéma suggère que tout ce qui est, est calculable. Mais toute vie s'écoule, y compris la sienne, au moment où l'on regarde encore tel ou tel film sur l'écran. Cette effusion, celle du cinéma, on peut la calculer, mais pas celle de sa propre vie. Quand on commet soi-même une effusion de temps et qu'on ne vit pas, on se retrouve en prison, une prison qu'on doit en plus, en guise de punition, constituer dans sa propre personne. Dans le film, Erika Kohut le sait, mais elle ne peut rien faire pour s'y opposer. Et tandis que les cadres, dans la vie courante, s'épuisent à se faire concurrence, les cadres, dans le film, se contentent de courir, ils font du sport. Leur sport, c'est la course à pied. En d'autres termes : dans la mesure où la vie, sur l'écran, a été préalablement calculée avec

précision, on suggère que la vie, elle aussi, peut être fabriquée. On peut essayer, on n'ira pas bien loin. Mais tout cela n'est peut-être qu'un jeu entre les subjectivisations et les objectivisations, car les êtres se considèrent comme des individus et donc toujours, jusqu'ici, comme les jouets du destin. Cela semble se transformer lentement, car les nouvelles technologies placent toujours au premier plan la capacité de fabriquer de la vie. Les gens s'imaginent-ils donc de plus en plus que leur être est une chose fabriquable ? Ou bien le posent-ils comme une donnée objective ? Dans ce cas, y compris dans l'art et surtout au cinéma qui, après tout, re-produit la vie par l'image, l'être devient de plus en plus un objet, l'objet d'une représentation que l'on oppose, quant à elle, à d'autres représentations de possibilités d'être. Le planifiable, pour ainsi dire, qui s'oppose au planifié, mais qui est pour sa part l'objectif de la volonté artistique d'un réalisateur.

Voilà que Michael Haneke a écrit un scénario d'après l'un de mes livres, d'abord pour un autre réalisateur, puis il l'a repris à son compte et en a tourné un film. De ce que j'avais écrit, il a donc fait la base de calculs et de plans, et ces plans précis (c'en est presque incroyable, tout ce qu'il faut calculer, tout ce à quoi il faut veiller quand on tourne un film ! Moi, j'échouerais dès les cinq premières secondes, car d'une action, d'événements, j'exige qu'ils me prennent par la main et me tirent en avant, que je ne sache pas, pour ainsi dire, où je vais atterrir, oui, et je l'exige, je l'ai dit, n'allez pas croire que je me contente de le tolérer !) ces plans, donc, visent une infinité, un lointain où tout est possible et où rien n'est possible. On y jette des décombres de vie, et ils prennent place dans un joli maelström qui coule dans une direction déterminée, ou bien la rotation fulgurante les recrache de nouveau, comme les gens qui ne peuvent pas vivre sont recrachés par la vie ou s'éjectent d'eux-mêmes. Des déchets. Des Erika Kohut.

Face à cette ampleur de la vie, dans laquelle on se perd : l'art! Le film utilise l'ampleur du temps, environ une heure et demie, et l'ampleur des images, qui peuvent tout simplement aller partout, même si elles n'étaient que des villes jouets écrasées par des bombes jouets. Peu importe, cet univers temps-image est rempli. Il est utilisé par le réalisateur qui montre lui aussi des comédiens qui représentent des êtres réels ou des êtres qu'un auteur a imaginés, des êtres susceptibles d'être utilisés, car on les utilise, pour produire de l'art ou un film, pour montrer une action cinématographique déterminée.

C'est ainsi que Michael Haneke a pénétré dans le petit monde facile à appréhender (et même très étroit) d'Erika Kohut, un monde que je me suis inventé et dont je suis personnellement devenue une partie. Mais il faudrait encore se demander avec quel désespoir, en tant qu'auteur, j'ai voulu me convaincre, moi qui suis dans une certaine mesure le personnage principal de cette histoire, de la possibilité de planifier mon propre destin. Laissez-moi m'échapper par la parole, car il n'y a pas d'échappatoire pour une vie non vécue, et même l'art n'a pas pu me sauver. Être devenue le jouet de sa propre existence : on pourrait y réfléchir sans fin, mais comme je vous l'ai dit, nous n'avons qu'une heure et demie à deux heures pour le faire, et personne n'aurait plus de temps que cela à consacrer à mon destin, mais je m'éloigne du sujet, et le film n'a pas le droit de le faire. Tout a été fixé avec précision auparavant, y compris les transgressions, pardon, je veux dire les digressions, et Michael Haneke, avec son adaptation cinématographique, est donc entré dans mon petit monde que j'ai déguisé, après-coup, en monde planifié, ce qu'il était peut-être, mais peut-être pas. Il y a pénétré et l'a utilisé pour l'art, ce que j'avais cependant déjà fait moi-même, mais juste dans un livre. Mieux vaut qu'on ait ça devant les yeux pour ne pas faire pareil, jamais, et ce que je voulais dire en vérité, c'est la chose suivante : ce terrain désert de l'art qui inspire à chacun une peur justifiée, n'est pas maîtrisable, malgré toutes les planifications compliquées, on ne peut que l'utiliser. Mais quand on l'utilise, on l'use, on use les personnages et l'on use les modèles des personnages. On prouve que ces personnages, qui ont été produits dans l'art, ne peuvent plus être maîtrisés et peu importe s'ils se maîtrisent eux-mêmes ou non. Haneke parvient très bien à les prendre en mains. Pas une seconde ils ne font de lui ce qu'ils veulent, de la même manière que les gens ne peuvent pas une seule seconde faire ce qu'ils veulent véritablement, mais ils croient qu'ils le feraient si seulement ils en avaient la possibilité. Ils crachent quelque chose hors d'eux-mêmes, les personnages de confection, mes personnages de confection et donc moi-même, comme un poulpe crache de l'encre hors de lui-même : que tout cela n'est pas planifiable, que le tout n'est pas planifiable (mais pas que rien n'est planifiable, ce n'est pas la même chose !), le néant non plus n'est pas planifiable. Ces personnages donnent donc d'eux-mêmes un fluide ou quelque chose du même ordre, et ils s'embrument eux-mêmes. Mieux ils ont été conçus, plus il y a de liquide qui les assombrit de nouveau, et dans le dernier éclat de quelque chose que l'on voit encore, toujours, ils deviennent des non-créatures. Ils cessent d'être habituels et ils deviennent le non planifiable, donc la vie et la non-vie à la fois. Ils deviennent leurs propres exceptions, et sont donc uniques, dans la mesure, justement, où ils sont comme tous.

ELFRIEDE JELINEK
(Traduit de l'allemand par Olivier Mannoni)

Scénario

Séquence 1
Appartement des Kohut Intérieur/nuit

LE COULOIR.

La porte d'entrée. On entend une clé tourner dans la serrure. La porte s'ouvre, Erika entre. Hâtivement, s'efforçant de ne pas faire de bruit, elle essaye de traverser le long couloir en passant devant la porte du salon, d'où nous parvient le bruit de la télévision. Elle se dirige vers une autre porte, mais avant d'avoir pu l'atteindre, elle est stoppée dans son élan par une
VOIX DE FEMME : Bonsoir, ma fille !
Erika reste sur place et se retourne, résignée.
ERIKA : B'soir, maman.
La mère pourrait presque être la grand-mère d'Erika. Elle a 75 ans passés, mais elle est « bien conservée », un peu ronde et d'allure très « bourgeoise ».

Son ton posé semble néanmoins forcé, car elle a l'air extrêmement énervée.

LA MÈRE : Ah ! tu rentres déjà ? Tu m'en vois ravie.

ERIKA (*se détournant*) : Oh, maman…

Mais la mère la dépasse et lui barre le chemin.

LA MÈRE : Tu ne vas pas t'en tirer comme ça !

Erika, restée sur place, essaie de l'écarter doucement.

ERIKA : S'il te plaît, maman, laisse-moi, je suis fatiguée.

LA MÈRE : Pour ça, je te crois sur parole. Ça fait trois heures que ton dernier élève est parti. Aurais-tu la bonté de me dire où tu es allée traîner pendant tout ce temps ? !

ERIKA : Oh, maman, je t'en prie !

LA MÈRE : Tu n'entreras pas dans ta chambre tant que tu ne m'auras pas répondu !

Erika, en colère, veut pousser sa mère de côté, mais cette dernière est plus forte que son âge le laisserait supposer. Erika finit donc par se détourner, rageuse mais s'efforçant de montrer son peu d'intérêt pour la chose (« C'est le plus intelligent qui cède »). Elle fait quelques pas dans le couloir et se retourne vers sa mère d'un air « résigné » :

ERIKA : Je suis allée me promener, tu permets ? J'ai passé huit heures dans ma cage, j'étais fatiguée, et j'avais envie de m'aérer la tête.

LA MÈRE (*sarcastique*) : Pendant trois heures !

ERIKA (*de même*) : Parfaitement !

Pendant quelques instants, la mère regarde Erika d'un air soupçonneux, puis se jette sur elle et tente de lui arracher sa sacoche. Erika se débat, puis finit par trouver la situation absurde et remet la sacoche à sa mère. Celle-ci l'ouvre, écarte les volumes de Beethoven et extrait d'un air triomphant la robe neuve.

LA MÈRE : Magnifique ! C'est bien ce que je pensais. Où est le livret ?

Elle recommence à fouiller dans la sacoche. Erika l'observe, puis la contourne pour se précipiter dans sa chambre.
CHAMBRE D'ERIKA (*raccord direct*) : Erika se précipite vers son armoire à vêtements et l'ouvre. L'armoire est grande, pleine à craquer de robes, de tailleurs, etc... Erika, très agitée, toujours en Burberry, déplace tous les cintres, comme si elle cherchait un vêtement précis.

COULOIR.

La mère a posé la sacoche sur un guéridon. La robe à la main, elle feuillette le livret d'épargne qu'elle vient de retrouver.
LA MÈRE : Dix mille schillings ! Mais dis-moi, est-ce que tu as complètement perdu la tê.... ?
ERIKA (*apparaissant dans l'ouverture de la porte et lui coupant la parole*) : Où est mon ensemble d'automne gris foncé ?
La mère regarde sa fille droit dans les yeux pendant un instant, puis dit :
LA MÈRE : Aucune idée.
Blême de rage, Erika s'approche de sa mère et tente de lui reprendre la robe.
La mère serre la robe contre elle et repousse Erika.
ERIKA (*à voix basse, furieuse, tandis qu'elles en viennent aux mains*) : Rends-moi ça !
Quand la mère se rend compte que sa fille, plus vigoureuse, est sur le point de récupérer la robe, elle tente de la lui arracher en tirant brusquement dessus et la déchire. Pendant une fraction de seconde, les deux femmes se regardent droit dans les yeux. Puis Erika, furieuse, se rue sur sa mère et lui tire les cheveux.
ERIKA (*hurlant de rage*) : Garce ! Espèce de... !

LA MÈRE (*criant comme un cochon qu'on égorge*) : Aïe ! Aïe ! Arrête ! Arrête ! Je t'en prie !
Erika finit par se calmer et lâcher prise. Sa mère ne lui a toujours pas rendu la robe déchirée. Elle enfouit son visage dedans et se met à pleurnicher. Erika regarde avec stupeur ses mains où sont restées de grosses touffes de cheveux. Ne sachant pas quoi en faire, elle franchit la porte laissée ouverte par la vieille dame et passe dans la cuisine.

CUISINE.

Tandis qu'elle jette les cheveux dans la poubelle, elle est prise de violents sanglots.

SALON.

On entend off la télévision. La mère entre, tenant toujours la robe d'Erika et le livret. Tout en continuant à pleurnicher, elle se laisse tomber dans un fauteuil. Se tâte le crâne avec précaution. De temps à autre, elle regarde à la dérobée vers le téléviseur, comme pour se consoler.
Au bout d'un moment, Erika entre. Pleurant nerveusement, elle erre dans la pièce, indécise, ne sachant si elle doit céder à sa mauvaise conscience ou à sa colère. La mère a pris acte de la présence de sa fille avec une imperceptible expression de triomphe.
LA MÈRE (*qui pleurniche en quête de compassion*) : On devrait te couper les mains ! Frapper sa propre mère !

À ces mots, Erika redouble de colère. Elle va vers sa mère, lui arrache sans mot dire le livret et la robe déchirée, puis fait mine de disparaître dans sa chambre. Mais avant qu'elle soit sortie du salon, sa mère ajoute :

LA MÈRE : Ce chiffon était beaucoup trop voyant, de toute façon A ton âge, tu devrais quand même savoir ce qui te va.

Poignardée dans le dos, Erika se fige sur place et se retourne en sanglotant.

ERIKA : Tu continues, espèce de saleté ? Ça ne te suffit pas d'avoir déchiré ça ?!!... Je voudrais te voir...

LA MÈRE : Quoi ?

Prise sur le fait, Erika ne sait que répondre, ou n'ose pas.

LA MÈRE : Tu n'oses pas le dire, hein ? D'ailleurs, ce n'est pas la peine : je le sais bien, ce que tu voudrais. J'aurais pu faire une crise cardiaque, avec toute cette agitation ! Si c'est ça que tu veux, tu n'as qu'à continuer !

Erika est partagée entre la colère de voir sa mère s'apitoyer sur son sort pour la culpabiliser et son propre désir de soulager sa mauvaise conscience par une réconciliation.

ERIKA (*toujours sanglotante*) : Arrête, maman, tu ne sais pas ce que tu dis...

LA MÈRE (*se touchant la tête*) : J'ai un vrai trou ici... et là aussi...

L'espace d'un instant, Erika pourrait presque rire à travers ses larmes tant sa mère lui apparaît désarmée, grotesque, et un peu touchante aussi.

ERIKA : Pardon, maman.... Mais aussi, pourquoi est-ce que tu fais des choses pareilles ?

LA MÈRE (*à moitié réconciliée*) : Pourquoi est-ce que tu fais des choses pareilles ?!

ERIKA *(submergée par la pitié – autant pour sa mère que pour elle-même)* : Je suis désolée, maman. Vraiment désolée.

Erika s'approche de sa mère, pose le livret et la robe par terre, puis, encore à moitié aveuglée par les larmes, commence à inspecter la tête brutalisée de la vieille femme.

ERIKA : Laisse-moi regarder…
Lorsqu'elle découvre les trous dans la chevelure déjà clairsemée de sa mère, Erika, totalement submergée par la culpabilité, la prend dans ses bras en sanglotant. La mère n'offre aucune résistance et lui tapote le bras pour la rassurer.
LA MÈRE : Ça va aller… Ça va aller… (*risquant une «plaisanterie»*) : C'est comme ça, on a du tempérament dans la famille!…. Allez, ne pleure plus!…. Bon, je vais faire un café, et on va le boire ensemble, d'accord?
Erika se détache de sa mère, s'essuie les yeux du revers de la main et acquiesce d'un signe de tête, souriant à travers ses larmes. Sa mère se lève et va dans la cuisine. Erika tente de se ressaisir une bonne fois pour toutes : elle se mouche, puis glisse le livret d'épargne dans la poche de son manteau. Enfin elle ramasse la robe déchirée, la contemple un moment et la caresse presque tendrement.

SALLE DE BAINS. PLUS TARD.

Plan demi-rapproché : Erika, en chemise de nuit, se prépare pour aller au lit, se brosse les dents, etc…
VOIX DE LA MÈRE (*parlant fort depuis la chambre à coucher*) : … On n'a rien sans rien! Si c'est comme ça, il faudra que tu donnes plus de cours particuliers. Il est hors de question que tes coquetteries nous empêchent d'acheter notre appartement. Tu ne me diras pas le contraire, je pense?
ERIKA (*parlant fort elle aussi*) : Le versement de ce mois-ci est fait depuis longtemps.
Ne te tracasse donc pas pour ça! Et puis, de toute façon, la robe n'a coûté que six mille cinq, je redéposerai le reste à la banque demain.

CHAMBRE À COUCHER.

Plan demi-rapproché. La mère. Elle est allongée sur le lit.
LA MÈRE (*parlant fort comme ci-dessus*) : Je n'arrive pas à comprendre pourquoi une personne de ta qualité se croit obligée de se peinturlurer comme un clown et de dépenser son argent pour des chiffons qui seront démodés dans six mois.
Elle a tourné la tête, car Erika vient d'entrer, hors champ.
ERIKA (*off, calmement*) : J'aurais pu la porter pendant des années, cette robe. C'est une coupe archi-classique, ça ne se démode pas...
Coupe sur Erika. Elle ferme la porte du couloir, éteint le lustre et s'avance (suivie en panoramique par la caméra) jusqu'au lit que nous découvrons être un lit double, et se glisse sous les draps à côté de sa mère. Ce faisant, elle poursuit :
ERIKA :... Si mes souvenirs sont exacts, tu as porté dans ta jeunesse une robe du même genre, rappelle-toi...
LA MÈRE : Ça, tu as dû le rêver.
ERIKA :... En plus, elle venait d'une boutique de luxe et elle était remarquablement finie. Elle aurait duré une éternité.
Erika est maintenant allongée sous les couvertures à côté de sa mère.
ERIKA : Tu veux encore lire ou tu éteins ?
La mère hésite un instant, puis se penche pour éteindre la lampe de chevet.
Silence. Les réverbères de la rue projettent une faible lueur dans la pièce. Un tramway de nuit passe dans un grand bruit de ferraille. Au bout d'un moment, la mère prend la parole :
LA MÈRE (« *compréhensive* ») : Ils t'ont vraiment beaucoup énervée, aujourd'hui ?

ERIKA : Pas plus que d'habitude.
LA MÈRE : Ce n'était pas le jour de la petite Schober? Elle vient le vendredi, non?
ERIKA : Mmm.
LA MÈRE : Et alors?
ERIKA : Elle ne manque pas de talent. Elle a des atomes crochus avec Schubert. C'en est même étonnant.
LA MÈRE (*après un silence réprobateur*) : Schubert, c'est ton domaine. Ne l'oublie pas.
ERIKA : S'il te plaît! Ce n'est pas à toi de me dire ça. J'ai du mal à croire que tu puisses juger de ce qui est mon domaine musical.
LA MÈRE *(caustique)* : Si tu veux que tes élèves fassent carrière à ta place...!
ERIKA *(lasse)* : Oh, maman...
LA MÈRE *(après une pause, se tournant vers Erika, gentiment) :* Personne ne doit te surpasser, Erika.
ERIKA : Non, maman.
LA MÈRE *(gentiment, comme ci-dessus)* : Ne sois pas maladroite, ma fille.
ERIKA : Ne t'inquiète pas, maman.
Longue pause. Les deux femmes restent immobiles dans le lit. Finalement, la mère se met en position pour dormir, se tournant vers sa fille. Celle-ci est toujours allongée sur le dos. Elle s'est contentée de fermer les yeux.
Image noire sur laquelle s'inscrit le premier carton du générique : («La Pianiste»)

***

Séquence 2 : Une classe du conservatoire – Intérieur/Jour
Gros plan : les mains d'un jeune homme qui joue du

piano. (Fantaisie opus 49 en fa mineur de Chopin). Une grande aisance.

VOIX DE FEMME (*sarcastique*) : ... Un peu moins de pédale serait assez bienvenu... Eh oui, il ne s'agit pas simplement de lever le pied... Une note ne dure pas forcément aussi longtemps qu'elle est notée, et elle n'est pas forcément notée aussi longue qu'elle doit durer...

Image noire. Carton suivant (interrompant à la fois le son et l'image).

Gros plan : Les mains d'un enfant au piano. Une Sonate plus simple de Haydn. Un problème de tempo.

VOIX DE FEMME (*scandant avec irritation*) :... et un et deux et trois et quatre et... un et deux et trois et quatre et... un et deux et trois et qu...

Image noire. Carton suivant (interrompant la scène comme précédemment)

Gros plan : les mains d'une jeune fille au piano. (L'accompagnement du lied «Im Dorfe» («Au Village»), extrait du «Winterreise» («Le Voyage d'hiver») de Schubert.

VOIX DE FEMME (*rappelant l'accentuation des paroles du lied*) : «Es bellllen die Hunde, es rasssseln die Ketten, es schlaaaafen die Menschen in ihhhhren Betttten...»

(«Les chiens aboient dans un tintamarre de chaînes; les braves gens dorment dans leur lit...») (*elle marque une pause*) Dites-moi, êtes-vous totalement sourde à ce qu'est la froideur, ou c'est simplement que vous vous en foutez?

Gros plan : Des mains de femme remplacent celles de la jeune fille et reprennent l'introduction du lied. La caméra passe en cadre plus large. Nous les voyons toutes deux au piano : l'élève, Anna Schober, est très jeune (16 ans). Elle a l'air sensible et semble éprouver un grand respect pour son professeur, Erika Kohut, notre personnage principal. celle-ci approche de la quarantaine, elle est mince, sans maquillage, et porte une jupe plissée noire avec un pull-over assorti.

ERIKA (*qui commente tout en jouant*) :... eeet on lâche! eeet on lâche...!... Ce n'est pas une simple musique descriptive, et surtout ça ne se vautre pas dans la sensiblerie et dans le je-m'en foutisme... Eeet on lâche!... «Es bellllen die Hunde, es rasssseln die Ketten, es schlaaaafen die Menschen»...

Suite du générique (comme précédemment)

Plan large : Debout devant la fenêtre, Erika regarde vers l'extérieur; elle mange un sandwich qu'elle a apporté. Rumeur de circulation. En même temps, on entend les exercices musicaux venant des classes voisines.

Suite du générique (comme précédemment)

Plan d'ensemble : Un adolescent joue une Sonate de Beethoven. Il fait une fausse note et, furieux de son erreur, laisse échapper un grognement.

ERIKA (*sarcastique*) : Une fausse note dans Beethoven, c'est moins grave qu'une interprétation qui en dénature l'esprit. Vous ne jouez que des phrases, des petites phrases... Si vous persistez à ignorer la structure de l'ensemble, elle est mal partie, cette sonate...!

L'élève s'est arrêté de jouer. Vexé, il garde les yeux fixés sur le clavier. Erika est toujours devant la fenêtre, mais elle est tournée vers le piano.

ERIKA : Reprenez à la lettre E. : L'élève feuillette à l'envers la partition et se remet à jouer.

Suite du générique (comme précédemment)

Plan d'ensemble : Erika est seule dans la pièce. Le masque mortuaire de Schumann est accroché au mur. Elle range les quatre volumes des sonates de Beethoven

dans sa sacoche, enfile son imperméable Burberry et sort de la pièce. La porte se referme derrière elle. On perçoit vaguement le son de quelques étudiants encore en train de jouer : un violon et, plus loin, une trompette. Puis on entend des pas dans le couloir.
Suite et fin du générique (comme précédemment)

***

Séquence 3 : Un arrêt de tramway – Extérieur/jour
Il fait un temps radieux.
Un tramway vient juste d'arriver. Les portes s'ouvrent grâce à un mécanisme hydraulique et crachent une poignée de passagers.
Nous voyons cela en plan rapproché : la caméra montre seulement les pieds des gens qui descendent, parmi lesquels ceux d'Erika et de sa mère. Elles se distinguent du lot à cause de leurs tenues de soirée. Erika porte une robe longue en velours noir. Sa mère, elle aussi, est vêtue de noir comme si elle se rendait à un enterrement. Avec leurs robes longues, descendre du tramway devient une véritable aventure, et une petite foule impatiente se presse derrière elles. On ne découvre les deux dames et leur tenue de soirée qu'au moment où elles s'éloignent de nous dans la perspective de la rue, suivies en panoramique par la caméra.

***

Séquence 4 : Un immeuble de style néo-classique Extérieur/intérieur/jour
Les deux femmes entrent dans le hall somptueusement décoré, ouvrent la porte du vieil ascenseur et pénètrent dans la petite cabine, avec son intérieur en acajou, verre

dépoli et laiton. Derrière elles, un jeune homme est entré dans l'immeuble et se dirige vers l'ascenseur. Erika ferme la grille et sa mère appuie sur le bouton du deuxième étage. Le jeune homme est d'abord déconcerté, puis il sourit et se met à monter l'escalier au pas de course. En comptant l'entresol, cela fait trois étages : le jeune sportif les gravit à la même allure, voire plus vite que le véhicule d'acajou où nos deux dames observent son sprint avec une secrète jubilation, de sorte qu'arrivées au deuxième étage et finalement obligées d'ouvrir la grille de l'ascenseur, elles le retrouvent devant la porte de l'appartement où elles se rendent, ayant déjà sonné, leur souriant d'un air amical et même pas arrogant. Les dames ne lui rendent pas son sourire, mais voilà qui ne saurait décourager notre sportif.

JEUNE HOMME : Bonjour. J'ai tout de suite pensé que vous alliez aussi au récital. Permettez que je me présente…

A cet instant, la porte s'ouvre, on entend un brouhaha de voix en provenance de l'appartement vivement éclairé. Une femme assez plantureuse portant plusieurs colliers de perles, Mme Blonsky, prodigue ses amabilités aux nouveaux arrivants.

MME BLONSKY : Professeur Kohut ! Comme je suis contente de vous voir ! Entrez, je vous en prie ! Et votre chère maman ! Mais entrez donc !

JEUNE HOMME *(à Mme Blonsky)* : Bonsoir, tantine !

MME BLONSKY (*très «femme du monde»*) : Vous connaissez mon neveu, n'est-ce pas ?

ERIKA (*distante*) : Non.

MME BLONSKY (*avec un empressement exagéré*) : Oh, excusez-moi !

JEUNE HOMME (*interrompant sa tante sur un ton enjoué*) : Je n'ai pas eu le temps de me présenter. Tu as ouvert la porte juste au moment où j'allais le faire. Alors maintenant, ne me la claque pas au nez! (*A Erika et sa mère, très «comme il faut»*) : Je m'appelle Klemmer, Walter Klemmer.

Pendant que la maîtresse de maison les saluait, Erika et sa mère sont passées devant Klemmer pour entrer dans l'appartement. C'est maintenant à son tour de pénétrer dans ce temple des joies musicales. Au moment où la porte se referme derrière lui retentit déjà l'attaque de la musique de la séquence suivante.

***

Séquence 5 : L'appartement des Blonsky
Intérieur/nuit

Le second concerto pour deux claviers de Bach. Erika est l'une des deux solistes. Son jeu est à la fois sensible et virtuose. Au deuxième piano, un vieil homme émacié. On les écoute avec une vénération que l'on sent spontanée chez certains, imposée chez d'autres. L'assistance est un assemblage hétéroclite : des amis de la famille Blonsky, jouant plus ou moins les «beaux esprits», leurs enfants endimanchés, ainsi que quelques élèves d'Erika, eux aussi endimanchés, dont nous connaissons certains depuis la séquence 2. On a placé un coussin contre la lampe du piano. Il tamise la lumière et fait baigner les musiciens dans une lueur rouge assez démoniaque.

La mère d'Erika est assise à la place d'honneur, au premier rang, à côté de la maîtresse de maison. Elle savoure à la fois les bonbons qu'elle puise dans une boîte et la considération exceptionnelle que l'on témoigne à sa fille. Walter Klemmer, le jeune homme sportif de tout à l'heure, est assis au second rang et ne peut détacher ses yeux d'Erika. Ses regards glissent le long du corps de la

jeune femme, absorbée dans son dur labeur musical, et tout en finissant de ronger un de ses ongles, il rougit de plaisir.
Enfin retentit, tel un coup de fouet, l'accord final de ce tissu contrapuntique aux motifs entrelacés. Un moment de silence, puis des applaudissements clairsemés, une vingtaine de personnes seulement ayant assisté à cet événement artistique. La mère d'Erika, au comble de la fierté, a posé sa boîte de bonbons et applaudit à tout rompre en criant « Bravo ! Bravo ! ». Cet enthousiasme n'est partagé que par la maîtresse de maison – chez qui il se mêle à la courtoisie – et par Klemmer, qui applaudit si fort que la mère d'Erika se retourne vers lui.
Après plusieurs saluts, les maigres applaudissements s'éteignent. Sans attendre, la mère pose d'un geste protecteur un petit gilet en angora bleu clair tricoté de ses mains sur les épaules d'Erika, toute échauffée par sa performance. On retire le coussin qui masquait la lampe du piano et, sous un éclairage redevenu normal, la maîtresse de maison, experte en understatement, *convie ses hôtes au « modeste buffet » de l'entracte. Tandis que sa mère se rue dans la mêlée pour trouver une assiette et la remplir, Erika, encore un peu rouge, entourée de ses élèves et d'autres admirateurs, savoure les joies trop rares de la reconnaissance publique.*
Klemmer, fendant la foule des flagorneurs, se fraye un chemin jusqu'à Erika, lui adresse un sourire radieux et lui prend brusquement la main.
KLEMMER : J'espère ne pas être importun si je me permets de baiser la main qui joue Bach de la sorte !
Il baise la main d'Erika. Autour d'eux, les personnes les plus âgées sont ravies, mais les élèves d'Erika trouvent cela déplacé, voire ridicule. Erika, bien qu'elle soit plutôt de l'avis de ses élèves, ne peut s'empêcher d'être flattée.

Elle retire sa main et croise les bras sous le gilet jeté sur ses épaules.

ERIKA : N'en jetez plus ! D'ou tirez-vous un enthousiasme aussi démodé ?

L'élève qui a massacré une sonate de Beethoven à la séquence 2 rit bruyamment et avec complaisance. D'un froncement de sourcils, Erika le remet à sa place.

KREMER : Je trouve ça formidable qu'on perpétue la tradition des récitals privés ! Ils ont pratiquement disparu. Après la mort des grands maîtres, la mort de leur musique ! Les gens n'écoutent plus que des variétés, de la pop et du rock.

ERIKA (*plus douce*) : Vous avez raison. Les familles comme celle-ci ont disparu. (*avec ironie*) : Autrefois, des générations entières de laryngologues s'épuisaient sur les derniers quatuors de Beethoven...

KLEMMER (*riant*) :... Et aujourd'hui, dans le meilleur des cas, les universitaires tapent du pied en cadence sur les barrissements d'éléphants de Bruckner !

ERIKA (*non sans bienveillance*) : Mépriser Bruckner est une erreur de jeunesse assez répandue, monsieur... (*elle feint d'avoir oublié son nom*)... Klemmer ? Mais dites-moi, quel est donc votre rapport à la musique, pour que vous en parliez de façon si docte pour votre âge ? Votre tante n'a-t-elle pas dit que vous étudiez... (*comme si elle ne s'en souvenait pas non plus*)... ??

KLEMMER (*charmant malgré son ton ironique*) : Les courants faibles, professeur, les courants faibles !

AU BUFFET.

Le maître des lieux, le Dr. Blonsky, est un laryngologue

assez âgé. Contrairement à sa femme, il est pâle, maigre et semble être un « bel esprit ».

Il s'occupe avec empressement de la mère d'Erika qui faisait sagement la queue au buffet, lui remplissant son assiette de diverses gourmandises tout en lui parlant avec enthousiasme de sa collection d'instruments, persuadé que le talent musical d'Erika ne peut venir que de sa mère.

DR BLONSKY :... Je l'ai découverte par hasard chez un marchand d'instruments anciens, lors d'un congrès médical à Milan, il y a deux ans. Vous imaginez mon émotion, ma chère...

LA MÈRE (*en montrant du doigt un des plats*) : Encore un peu de salade Waldorf, peut-être...

DR BLONSKY : Bien sûr. Et mademoiselle votre fille ne veut vraiment rien ?

LA MÈRE (*en secouant la tête*) : Ma fille est incapable d'avaler quoi que ce soit quand elle donne un concert. La concentration, vous comprenez...

Le Dr. Blonsky a donné son assiette à la mère d'Erika et, quittant à présent la foule du buffet, il l'entraîne pour lui montrer ses trésors dans la pièce voisine.

DR BLONSKY :... Elle est censée venir de la maison des Comtes de Vitali. Seul le génie de l'histoire de la musique sait comment elle a atterri là, vu qu'elle a été fabriquée à Leipzig aux alentours de 1724...

En quittant la pièce, la mère regarde autour d'elle avec une certaine angoisse, cherchant sa fille – laquelle, hors du contrôle maternel, discute avec un petit groupe d'admirateurs. Ne pouvant se soustraire aux règles de la courtoisie, la mère est obligée de suivre l'enthousiaste docteur dans son antre aux trésors. Il décroche prudemment du mur une viola pomposa *et passe la bandoulière pour faire une démonstration.*

DR BLONSKY :... Elle est accordée en do-sol-ré-la-mi,

et on la joue à l'épaule. Bach avait d'abord fait construire par le luthier Johann Christian Hoffman une viola pomposa aux éclisses moins hautes, mais à cause de sa taille, il était difficile d'en jouer à l'épaule…

La mère d'Erika s'est à nouveau retournée et épie sa fille par l'entrebâillement de la porte. Cette dernière, poursuivant une conversation visiblement animée avec Walter Klemmer, s'éloigne du groupe d'admirateurs et se dirige vers un coin tranquille de la pièce. Le jeune homme montre le buffet, mais Erika refuse d'un signe de tête et ils en restent donc tous deux aux nourritures purement spirituelles.

Le Dr. Blonsky interrompt brièvement son exposé enthousiaste :

DR BLONSKY : Il vous manque quelque chose ? Puis-je aller vous chercher… ?

Prise en flagrant délit, la mère d'Erika se retourne vers son hôte inquiet et lui témoigne une attention exclusive.

LA MÈRE : Non, non. C'est passionnant, vraiment !

A LA FENÊTRE DU SALON DE MUSIQUE.

Erika et Klemmer se tiennent un peu à l'écart de l'agitation de l'entracte et s'adonnent avec entrain aux joies de l'auto-représentation.

KLEMMER (*Il désigne du menton les gens dans la pièce*) : Mais regardez-les ! Vous croyez vraiment qu'ils ont envie d'en savoir plus sur les bienfaits de la maladie ?

ERIKA (*regardant Klemmer*) : Avez-vous lu ce que dit Adorno au sujet de la Fantaisie en Do Majeur de Schumann ? (*Klemmer secoue la tête, fasciné et impatient d'entendre la suite*) : Il parle de son crépuscule.

Ce n'est pas le Schumann que toute pensée a déserté, mais le Schumann juste avant. Un cheveu avant ! Il sait bien qu'il est en train de perdre la tête, il en souffre au plus profond de sa chair, mais il s'agrippe une dernière fois...
C'est le moment où l'on sait encore ce que signifie la perte de soi-même, avant d'être complètement abandonné.
KLEMMER *(après un temps, souriant)* : Je crois que vous êtes un bon professeur.
ERIKA (*ironique*) : Merci.
KLEMMER (*sans se laisser démonter*) : Vous parlez des choses comme si elles vous appartenaient. C'est très rare. Et je crois que vous le savez.
ERIKA (*désinvolte*) : Schubert et Schumann sont mes deux préférés, c'est tout. Et de plus, mon père est mort complètement fou à l'asile de Steinhof. Donc il ne m'est pas très difficile de parler du « crépuscule » de l'esprit, n'est-ce pas ?
L'espace d'un instant, Klemmer ne sait comment réagir. Erika le regarde, savourant son embarras. Puis il se ressaisit et sourit comme pour la réconforter.
KLEMMER : Vous ne voulez vraiment rien manger ? Pour vous, le récital est fini, non ?
ERIKA (*ironique*) : Alors apportez-moi donc quelque chose.
Il la regarde, sourit et se dirige vers le buffet, adressant un petit signe de tête joyeux à la mère d'Erika qui se précipite vers sa fille.
LA MÈRE (*à Erika*) : Il faut vraiment mériter ce qu'on mange, ici ! Ce Dr. Blonsky, avec sa manie des instruments, c'est une véritable plaie. (*désignant « discrètement » Klemmer*) : Dis-moi, ce Klemmer, ou je ne sais quoi, il est plutôt collant, non ?

LE SALON DE MUSIQUE. PLUS TARD.

Le buffet est fermé, la lumière – grâce au coussin – de nouveau tamisée et teintée de rouge, et chacun est retourné s'asseoir à sa place, plus ou moins impatient. Erika et le vieil homme qui l'accompagnait tout à l'heure ont pris place, eux aussi, aux côtés de la mère d'Erika et de l'imposante maîtresse de maison. Klemmer a regagné son siège et ne quitte pas Erika des yeux.

Debout devant les deux pianos à queue, le Dr. Blonsky fait un bref discours d'introduction à la seconde moitié du récital :

DR. BLONSKY :... Après la brillante prestation du professeur Kohut et du Dr. Haberkorn, nous passons à la deuxième partie de la soirée, pas aussi professionnelle mais, je l'espère, non moins intéressante pour nous. Mais avant d'avoir l'honneur de faire venir les élèves de la master class du professeur Kohut, je me permets de vous présenter, avec joie et non sans fierté, un membre de notre famille : mon neveu Walter Klemmer.

Klemmer se lève, se tourne à demi vers le public qui l'applaudit, salue avec une sympathique gaucherie et s'avance pour rejoindre son oncle.

DR BLONSKY : Walter fait ses études à l'Université Technique, mais son talent musical – vous allez pouvoir vous en convaincre – ne le cède en rien à ses capacités technologiques. (*Il lui fait signe de s'installer au piano*)

A toi, Walter...

Le Dr. Blonsky s'assied, le public applaudit, Klemmer s'installe sur le tabouret du piano puis s'adresse à l'assistance :

KLEMMER : Mon oncle a exagéré de façon éhontée.

Après la magnifique performance du professeur Kohut, je me sens doublement dilettante. En fait, j'avais l'intention de jouer l'opus 33b de Schönberg... (*il sourit*) comme ça, mes fausses notes auraient eu plus de chances de passer inaperçues (*rire discret dans l'assistance*)...
C'est pas très drôle, je sais... Mais pendant l'entracte, j'ai discuté de la maladie et de la folie chez Schubert et Schumann, et cette conversation m'a beaucoup impressionné. J'ai donc décidé de laisser tomber Schönberg et de jouer à la place mon morceau préféré de Schubert : le Scherzo de la Sonate en la majeur..
Klemmer jette un dernier regard à Erika qui l'a écouté avec stupeur, se tourne vers le piano et commence a jouer après quelques instants de concentration. Il joue avec verve, faisant preuve d'une grande sensibilité musicale. La mère d'Erika, qui observe avec suspicion l'attirance entre Klemmer et sa fille, n'est pas la seule à être impressionnée : le rire dément de Schubert envahit le salon. Erika reste immobile, mais un léger sourire de satisfaction flotte sur ses lèvres et elle dévore des yeux le pianiste, tout comme ce dernier le faisait tout à l'heure avec elle.
Au bout d'un moment, on entend, en avance sur la prochaine scène, la
VOIX D'ERIKA :... « träumen sich manches, was sie nicht haben, tun sich im Guten und Argen erlaben; und morgen früh ist alles zerflossen... »
(«... rêvent de maintes choses qu'ils n'ont pas, s'abreuvant du meilleur et du pire. Et demain matin, tout sera dissipé... »)

***

Séquence 6 : Une classe du conservatoire
Intérieur/ jour

Erika et son élève Anna Schober sont assises au piano.

ERIKA (*montrant la partition avec agacement*) :... Et là, on bascule dans l'ironie... (*Erika chante de façon approximative, tandis qu'Anna, à qui elle donne une petite tape sur le bras, commence à l'accompagner)* Ré, ré, ré, ré, ré,... «Je nun, je nun, sie haben ihr Teil genossen» («Et puis? Et puis? Tous ont eu leur compte de plaisirs)... Ré, ré, ré, ré, ré, c'est le rythme du petit bourgeois entêté et sûr de lui... Ré, ré, ré, ré, ré... «Und hoffen, und hoffen, was sie noch übrig liessen» («Et ils espèrent, espèrent retrouver ce qu'ils ont laissé)...»

***

Séquence 7 : Le conservatoire de musique de Vienne
Extérieur/jour

Même plan qu'à la séquence 2.

Vêtue de son imperméable Burberry et portant sa sacoche, Erika sort par la grande porte et descend les marches.

VOIX D'ERIKA (*suite de la scène précédente*) : «...doch wieder zu finden, doch wieder zu finden auf ihren Kissen...»

(«... le retrouver, le retrouver sur leur oreiller...»)

Anna est en larmes au pied de l'escalier. Elle est accompagnée de sa mère, Mme Schober, qui se dirige à présent vers Erika.

Le son de la scène précédente, qui s'était prolongé jusqu'ici, cède la place au son synchrone. Depuis l'intérieur du bâtiment nous parviennent des bribes sonores : les élèves font des exercices.

MME SCHOBER : Excusez-moi, professeur, pourrais-je vous parler une minute, s'il vous plaît ?

ERIKA (*distante*) : Je vous en prie.

MME SCHOBER : Anna m'a dit que vous n'étiez pas sûre qu'elle puisse jouer au concert du jubilé.

ERIKA (*avec froideur, jetant un coup d'œil à la jeune fille éplorée*) : J'ai dit que pour devenir soliste, il faut plus que du talent.

MME SCHOBER : Elle ne travaille pas assez ?

ERIKA (*qui continue à regarder Anna*) : C'est à elle de le savoir.

MME SCHOBER : Elle travaille huit heures par jour.

ERIKA : C'est le résultat qui compte, Mme Schober, pas les heures.

MME SCHOBER (*désignant sa fille comme si c'était un objet*) : Elle n'a que la musique, professeur. Regardez-la donc.

Erika croit reconnaître ce ton. Elle regarde longuement la mère d'Anna, puis se retourne vers la jeune fille.

Erika : Schubert n'est pas une partie de campagne, Anna. Je n'ai pas dit que tu ne jouerais pas au concert. Nous verrons comment tu t'accordes avec le chanteur. (À la mère d'Anna) À présent, veuillez m'excuser, j'ai un rendez-vous. Au revoir.

MME SCHOBER (*soumise*) : Au revoir, professeur.

Erika sort du cadre. Mme Schober rejoint sa fille, qui s'efforce toujours de retenir ses larmes.

MME SCHOBER : Ton professeur a tout à fait raison. C'est ce que je dis toujours : sans engagement total, pas de succès ! (*Froidement, d'un air agacé, regardant autour d'elle au cas où il y aurait des spectateurs*) : Mouche ton nez... De quoi tu as l'air ?!

***

Séquence 8 : Un immeuble moderne – Intérieur/jour
Erika attend devant la porte d'un appartement. Une femme entre deux âges lui ouvre la porte. Tandis qu'elle fait entrer Erika, elle dit :
LA FEMME : Bonsoir, Erika. Votre mère a téléphoné. Elle veut que vous la rappeliez.

***

Séquence 9 : Appartement moderne. Couloir. Intérieur/jour
Gros plan : Erika téléphone dans le couloir. Par la porte ouverte du salon, on entend des musiciens accorder des instruments à cordes.
ERIKA (*à voix basse et de mauvaise grâce*) :... Je viens à peine d'arriver... au moins trois heures... non ! S'il te plaît, maman !.... Eh bien, je prendrai un taxi... oui !.... Je ne suis pas un nourrisson !... Il faut que j'y aille...

***

Séquence 10 : Appartement moderne. Salon. Intérieur/jour
Détendue et visiblement contente, Erika répète le Trio avec piano en mi bémol majeur, opus 100, de Schubert. Ses partenaires : le directeur du conservatoire et la collègue qui lui a ouvert la porte. Ils s'interrompent souvent, peaufinent des phrases, discutent des tempi – l'ambiance est celle d'un groupe de travail professionnel.

***

Séquence 11 : Centre commercial (zone « Jeux et divertissements ») Intérieur/nuit
Le son de la répétition de la scène précédente (Trio de

Schubert) se prolonge tout au long de cette nouvelle séquence.
Erika surgit dans l'image en bas du cadre, à bord d'une cabine d'ascenseur en verre aux portes encadrées de chrome étincelant. Elle sort de la cabine et, passant d'un pas rapide devant un studio de tatouage, un café, une salle de jeux électroniques et un studio de bronzage, se dirige vers le lieu de ses désirs : un supermarché du sexe, qui dissimule sa clientèle derrière la neutralité de vitrines en miroir teinté.
Le café, la salle de jeux et les divers studios sont pleins de jeunes gens – c'est ici que commencent les activités collectives de la soirée. Rires, « ambiance ».
De par son âge et sa tenue, Erika fait un peu tache dans ce décor mais n'a pas l'air de s'en rendre compte. Alors qu'elle se dirige vers le supermarché, elle est bousculée par un jeune homme totalement absorbé par une conversation sur son téléphone portable. Il sursaute, s'excuse, mais Erika se contente de lui jeter un coup d'œil glacial et poursuit son chemin. Quelques pas plus loin, elle essuie du revers de la main – tout en marchant et sans regarder – l'endroit de son corps qui a été bousculé, comme si elle enlevait de la poussière.
Elle arrive enfin devant la porte du sex-shop et entre.

***

Séquence 12 : Sex-shop – Intérieur/nuit
Raccord direct.
Comme à la scène précédente, on continue à entendre le son de la répétition de la séquence 10 (Trio de Schubert).
À l'intérieur, l'ambiance est plus tranquille. Quelques jeunes hommes farfouillent dans les rayons, il y a aussi deux jeunes couples.
Erika demande à la caissière de lui changer deux billets de

100 shillings en pièces de 10. La femme semble connaître Erika, et tout se déroule de façon très routinière. Groupés près des cabines vidéo, quelques hommes d'allure étrangère et d'âges variés se sont retournés quand Erika a fait son entrée et ont observé l'échange de monnaie en faisant des commentaires que – grâce à la musique de la répétition – nous ne comprenons pas.
Erika, imperturbable, passe à côté d'eux en se dirigeant vers les cabines vidéo où elle veut disparaître. Mais elles sont toutes occupées, ce qui l'oblige à attendre.
À travers la pièce, elle pose une question à la caissière, qui se contente d'exprimer son regret en haussant les épaules. Les hommes ricanent et font des remarques de circonstance, inaudibles pour nous grâce à la musique de la répétition. Une des portes s'ouvre enfin et laisse sortir un jeune homme, quelque peu troublé de se retrouver nez à nez avec une dame. Erika entre dans la

CABINE.

Elle suspend sa sacoche de partitions à la patère fixée sur la porte. De ses mains gantées, elle ouvre son petit sac qu'elle vient de bourrer de monnaie, en retire les premières pièces de dix schillings et les insère dans la fente obligatoire. Le bruit de la pièce qui tombe met fin à la musique de Schubert. Sur l'écran vidéo commence un film à l'action mouvementée.
Erika regarde et regarde. Venant des cabines voisines, ainsi que du haut-parleur, on entend des râles et des soupirs. Cela n'impressionne aucunement Erika. Les lumières changeantes du film porno se reflètent sur son visage. Au bout d'un moment, elle ramasse par terre, de ses doigts gantés, un mouchoir en papier encore humide et froissé en boule, le tient devant son nez et le renifle en inspirant profondément, le regard braqué sur les parties génitales des

protagonistes qui se démènent. Pendant ce temps, sa main gauche introduit une pièce après l'autre dans la fente qui cliquette de gratitude.

La musique reprend doucement. Ce n'est plus le Trio, mais un autre morceau qui nous est déjà familier, le piano grondant du lied de Schubert «Im Dorfe» («Au Village»). Après la phrase d'introduction, ce n'est plus la voix d'Erika qui dit la dernière strophe sur la partie de piano, mais la voix du chanteur de la scène suivante :

VOIX D'UN CHANTEUR :

«Bellt mich nur fort, ihr wachen Hunde,
Lasst mich nicht ruhen in der Schlummerstunde!
Ich bin zu Ende mit allen Träumen,
Was soll ich unter den Schläfern säumen?»
(«Chassez-moi par vos aboiements, chiens vigilants,
Ne me laissez pas en paix à l'heure du sommeil!
J'en ai fini de tous les rêves,
Pourquoi m'attarder parmi les dormeurs?»)

***

Séquence 13 : Une classe du conservatoire
Intérieur/jour

Anna Schober accompagne le jeune ténor. Très attentifs, Erika et le professeur de chant les écoutent d'une oreille critique. C'est aujourd'hui qu'une décision provisoire sera prise pour savoir si le chanteur et l'accompagnatrice vont être autorisés à participer au concert de fin d'année.

LE TÉNOR

(terminant le lied par la répétition obligatoire des deux dernières lignes) :

«...Ich bin zu Ende mit allen Träumen,
Was soll ich unter den Schläfern säumen?»

(«…J'en ai fini de tous les rêves,
Pourquoi m'attarder parmi les dormeurs ?»)

Sur les derniers mots du lied, on entend frapper a la porte. Erika et le professeur ne réagissent pratiquement pas à cet événement inhabituel en ces lieux et continuent d'écouter jusqu'à la fin du morceau. Pendant les dernières mesures de la partie de piano, on entend de nouveau frapper a la porte. Erika, agacée à présent, attend la fin du dernier accord avant de crier :

ERIKA (*avec une pointe d'irritation*) : Oui ! *La porte s'ouvre et Walter Klemmer entre dans la pièce, affichant un sentiment de culpabilité qui n'enlève rien à son charme.*

KLEMMER : Je suis désolé de vous déranger…

Erika reste figée, telle une colonne de glace. Rien, pas même un battement de paupières, ne trahit le fait qu'elle connaît Klemmer.

ERIKA : Vous désirez ?

Klemmer saisit l'intention d'Erika et se prête au jeu avec délice :

KLEMMER : Professeur Kohut ? :

Furieuse, Erika n'apprécie pas du tout cette comédie, mais elle est maintenant obligée de la jouer jusqu'au bout.

ERIKA : Oui. Que voulez-vous ? Vous ne savez pas que dans un conservatoire, on ne déboule pas au milieu d'un cours ?

KLEMMER (*prenant un air contrit*) : Je vous prie de m'excuser. Je vous demande vraiment pardon, mais je voulais me renseigner directement auprès de vous, et pas me faire expédier par n'importe qui.

ERIKA (*agacée*) : Sur quoi ?

KLEMMER : Sur l'examen d'entrée. Je voudrais entrer dans votre master class.

L'espace d'un instant, Erika est quand même désarçonnée.

Mais elle se reprend aussitôt. Avec un sourire sarcastique, elle s'assure de la connivence du professeur de chant déconcerté par cette irruption («Les gens ont de ces idées!») puis elle affronte Klemmer :

ERIKA (*glaciale*) : C'est très aimable à vous, jeune homme. J'espère que vous ne croyez pas sérieusement, avec un numéro de ce genre, susciter un intérêt que vous ne sauriez pas éveiller par des moyens purement musicaux. Vous pouvez obtenir les conditions d'admission et les formulaires de candidature au secrétariat, comme tout le monde. Premier étage, porte 11. Et maintenant, veuillez nous excuser. Nous avons du travail. Au revoir. (à Anna Schober) : Continuez.

Anna Schober jette des regards incertains à Erika et au professeur de chant, car Klemmer est resté sur le pas de la porte. Erika insiste avec un signe de tête en direction de la partition. Anna commence à jouer le lied suivant du « Voyage d'hiver » : « Le Matin d'orage ». Pendant la tempétueuse introduction, nous voyons Klemmer qui, congédié mais pas découragé, reste devant la porte. On voit ensuite le ténor qui attaque la première strophe du lied, puis le professeur, toujours irrité, regardant d'abord Klemmer puis Erika. Enfin nous voyons Erika elle-même qui, en « auditrice professionnelle concentrée », fait comme si Klemmer était sorti depuis longtemps.

LE TÉNOR (*chantant*) :
« Wie hat der Sturm zerrissen
des Himmels graue Kleid!
Die Wolkenfetzen flattern
umher in mattem Streit. »
(«Comme la tempête a déchiré
la robe grise du ciel!
Les lambeaux de nuages flottent

tels des combattants épuisés».)
Le dernier accord de piano de la première strophe nous projette dans la séquence suivante.

***

Séquence 14 : La salle à manger d'un asile psychiatrique – Intérieur/jour
C'est une belle journée ensoleillée.
Autour d'une immense table de réfectoire recouverte de Formica anti-rayures se serrent les pensionnaires de l'asile, raclant leurs assiettes en plastique avec leur cuillère. Il n'y a que des hommes.
Venant de la porte d'entrée, la caméra avance en travelling jusqu'à la table et s'arrête juste devant. Un infirmier dépasse la caméra – dont le point de vue était le sien –, s'approche de l'un des hommes attablés et lui tape sur l'épaule. L'homme ne réagit pas. Mais une nouvelle tape sur l'épaule et la voix de l'infirmier lui font lever les yeux.
L'INFIRMIER *(il parle fort, comme à un sourd)* : ... Y a d'la visite !
L'infirmier fait un signe de tête en direction de la porte d'entrée. Suivant son regard, le vieil homme, toujours assis, se tourne vers la porte : Erika, toute petite dans cette pièce immense, le salue d'un geste timide et maladroit.

***

Séquence 15 : Un dortoir de l'asile – Intérieur/jour
Comme les autres sont encore à table, la pièce est très calme. Les lits sont serrés les uns contre les autres, comme des petits cercueils. Erika et son père sont assis à la fenêtre, par laquelle entre un soleil radieux. Le vieil

homme est un peu ébloui par la lumière et ne cesse de cligner des yeux.
Erika lui a attaché une serviette autour du cou et a presque fini de raser ce visage dont les yeux vides regardent droit devant eux. Erika démonte le rasoir, en pose les pièces et la lame sur le rebord de la fenêtre à côté d'elle, avec le blaireau et le bol de savon. Avec la serviette, elle essuie la mousse qui reste sur le visage de son père puis s'immobilise enfin, assise face à lui. La pièce est très silencieuse. Seule une mouche essaie de passer à travers la vitre. Après une pause terriblement longue, Erika pose une main sur celle de son père et la laisse là. De nouveau, ils restent longtemps immobiles.
Au bout d'un moment, la porte s'ouvre, l'infirmier entre, regarde le matériel de rasage, et dit :
L'INFIRMIER : Z'avez fini ?
ERIKA (*à voix basse, sans bouger*) : Non.

***

Séquence 16 : L'escalier du conservatoire
Intérieur/ jour
C'est le jour du concours d'entrée.
Affairement nerveux, où chacun s'impose le silence. Des élèves fébriles, avec toutes sortes d'instruments sous le bras ou à la main. Des enfants avec leurs parents, des adolescents et des jeunes gens qui se donnent des airs de « génies », des musiciens talentueux de tous âges. Un garçon replet et suant, son alto à la main, s'éponge sans cesse le front et le cou avec un mouchoir en papier tandis que ses parents, nerveux, l'abreuvent de conseils. De temps en temps, la porte de la salle des fêtes s'ouvre brièvement, laissant passer un des professeurs qui ne cessent d'aller et venir, et devant qui la foule des candidats

s'écarte presque craintivement pour ne pas leur barrer le passage et risquer de s'attirer ainsi la défaveur d'un membre du jury.
Au début de la séquence, une petite fille de 10 – 12 ans sort de la salle avec un violon à la main, aussitôt entourée par sa famille et d'autres candidats du même âge qui veulent tous savoir comment se déroulent les auditions. Mais le relâchement brutal de la tension nerveuse l'empêche de parler et elle éclate en sanglots. Son père la serre contre lui et tente de la consoler.
Près de la porte de la salle, appuyé à la rampe de l'escalier, Walter, l'air détendu et sympathique comme à l'accoutumée, discute avec une flûtiste visiblement anxieuse qui tient serré contre sa poitrine l'étui noir de son instrument. La porte de la salle s'ouvre à nouveau sur un homme muni d'une liste, qui appelle le nom de Klemmer. Ce dernier le suit, apparemment de bonne humeur, non sans prendre congé de la flûtiste à laquelle il adresse quelques mots d'encouragement. Puis la porte se referme derrière lui.

***

Séquence 17 : La salle des fêtes du conservatoire
Intérieur/jour

Klemmer monte sur l'estrade, se dirige vers le piano à queue et se retourne vers les professeurs rassemblés dans la salle.
KLEMMER : Bonjour.
LE DIRECTEUR : M. Walter Klemmer ?
KLEMMER : C'est cela.
LE DIRECTEUR (*regardant la fiche de candidature de Klemmer*) : Vous avez proposé une série de morceaux très exigeants. Par lequel voulez-vous commencer ?

KLEMMER : Comme vous préférez.

LE DIRECTEUR (*d'abord stupéfait, puis se tournant vers Erika*) : Chère collègue, c'est dans votre classe que veut entrer M. Klemmer, après tout… Quel morceau souhaitez-vous entendre en premier ?

ERIKA (*elle jette un coup d'œil sur la fiche, la repose et répond d'un ton plutôt sec*) : Ça m'est égal. Le premier sur la liste.

LE DIRECTEUR (*s'asseyant avec un geste en direction de Klemmer*) : Allez-y, monsieur Klemmer.

Klemmer incline la tête en signe de remerciement. S'installe au piano. Il jette un dernier coup d'œil à Erika qui, évitant son regard, examine les papiers posés devant elle sur le pupitre. Klemmer se retourne vers le clavier et, après s'être concentré quelques secondes, attaque le premier morceau.

Il commence par la Sonate opus 33b de Schönberg. Nous voyons alternativement Klemmer et les professeurs qui écoutent attentivement, certains en prenant des notes. Erika reste immobile, le regard fixé sur son pupitre.

Fondu enchaîné sur le morceau suivant : le Prélude opus 23 n°5 de Rachmaninov. Klemmer joue avec une virtuosité quasi-professionnelle ce morceau très exigeant sur le plan technique. Plusieurs professeurs relisent sa fiche de candidature ; d'autres se penchent pour se chuchoter questions et réponses à l'oreille. Erika essuie discrètement les paumes de ses mains sur sa robe.

Fondu enchaîné sur le morceau suivant : la Sonate en La majeur de Schubert. Klemmer joue les dernières mesures de l'Andantino, puis, après un bref coup d'œil à Erika, le Scherzo (que nous avons entendu à la séquence 13). A présent, nous ne voyons plus qu'Erika et Klemmer (plans semi-rapprochés ou rapprochés).

***

Séquence 18 : L'escalier du conservatoire
Intérieur/ jour

La porte de la salle des fêtes s'ouvre et Klemmer en sort, visiblement content de sa prestation. Il regarde autour de lui, repère la flûtiste avec qui il discutait tout à l'heure et la rejoint.

LA FLÛTISTE : Alors ?

KLEMMER (*sur un ton d'autodérision*) : Brillantissime ! (*puis « sérieusement »*) : Non, je pense que c'était pas mal.

***

Séquence 19 : La salle des fêtes du conservatoire
Intérieur/jour

PREMIER PROFESSEUR : Il indique seulement « cours particuliers ». (*Elle repose la fiche de candidature de Klemmer sur le bureau*)

LE DIRECTEUR : Voilà qui rend la chose encore plus étonnante. Je ne sais pas jusqu'à quel point ce jeune homme prend au sérieux ses études de... (*il jette un œil à sa photocopie de la fiche de candidature*)... courants faibles, mais vu qu'il n'étudie pas le piano à plein temps... c'est remarquable !

DEUXIÈME PROFESSEUR : Je ne puis qu'approuver. C'est un talent hors du commun.

LE DIRECTEUR (*en se tournant vers les autres*) : Mesdames ? Messieurs ?

LES AUTRES (*l'un après l'autre, parfois en même temps*) : Pour.

Pour.

Absolument pour.

Oui, oui.
Oui.
Pour.
Bon, d'accord.
Sans aucun doute.
Pour.

LE DIRECTEUR : Erika, vous ne dites rien ? Votre voix est pourtant la plus importante. C'est pour votre classe que postule ce jeune homme…

ERIKA (*après un silence presque gênant, et d'un ton sarcastique*) : Après cette euphorie générale, il est un peu difficile d'exprimer des réserves. Je dois dire que je ne partage pas entièrement votre enthousiasme. Il est certain que ce garçon ne manque pas de talent, mais je me demande – et je vous le demande aussi – : qu'attend-il de nous ? Pour une carrière professionnelle, il est déjà trop vieux : l'accepter dans mon cours serait refuser une place à des gens plus sérieusement motivés. Et de plus, en toute sincérité, je trouve son penchant pour l'esbroufe suspect, pour ne pas dire antipathique…

TROISIÈME PROFESSEUR (*l'interrompant*) : Je ne comprends vraiment pas, Erika. Dans l'Andantino, il a pourtant montré que l'esbroufe n'est pas du tout son genre.

ERIKA (*mordante*) : Tout le monde ici, mon cher collègue, sait bien que nous avons sur Schubert des avis divergents, alors je vous en prie, ne perdons pas de temps avec ça. Vingt personnes attendent dehors. (*Aux autres*) : En clair, je ne crois pas être la bonne personne pour nourrir le tempérament artistique ou (*avec un petit rire méchant*) la « virtuosité de M. Klemmer ».

LE DIRECTEUR (*avec un petit sourire incrédule*) : C'est votre dernier mot, Erika ?

***

Séquence 20 : L'escalier du conservatoire Intérieur/nuit

Les lumières du hall sont allumées. La nervosité ambiante a changé : à présent, les gens n'attendent plus l'audition, mais les résultats. Leur patience est enfin récompensée : l'appariteur qui tout à l'heure appelait les candidats pour l'audition sort de la salle des fêtes et affiche sur la porte la liste des candidats admis. Bousculade. Excitation. Klemmer, lui aussi, veut savoir.

Gros plan : la liste. Ordre alphabétique. Klemmer trouve son nom. Il est admis dans la master class du professeur Erika Kohut.

***

Séquence 21 : L'appartement des Kohut. La salle de bains – Intérieur/nuit

Gros plan : Les mains d'Erika déplient un mouchoir en papier, faisant apparaître une lame de rasoir. Les mains ramassent la lame et sortent un miroir de poche d'un tiroir. Depuis la pièce voisine, on entend le son d'une émission de divertissement à la télévision.

Plan américain, puis rapproché : Erika entre dans la baignoire vide avec la lame de rasoir et le miroir. Elle défait sa robe de chambre, s'assied sur le bord de la baignoire et tient le miroir de façon à pouvoir examiner son sexe. La main tenant la lame de rasoir s'approche de sa vulve. La robe de chambre nous cache ce qu'elle fait, mais elle aspire plusieurs fois de l'air entre ses dents, sans bruit, tandis que des gouttes rouges éclaboussent l'émail blanc de la baignoire, finissant par former un petit ruisseau qui s'écoule vers la bonde.

Au bout d'un moment, Erika reprend le mouchoir en papier qui enveloppait la lame de rasoir et l'applique entre ses jambes. Il y a de la sueur sur son front, mais aucun signe de crispation ni de douleur. De nouveau, du temps et du sang s'écoulent. Soudain nous parvient d'une autre pièce la

VOIX DE LA MÈRE : Erika ! Le dîner est prêt !

La voix dénote la bonne humeur et Erika répond sur le même ton, comme si de rien n'était.

ERIKA : J'arrive, maman !

Erika regarde le mouchoir en papier dont la capacité d'absorption est épuisée, et passe à quelque chose de plus efficace : dans un sac en plastique à côté de la baignoire, elle prend deux de ces paquets de cellulose dont toute femme connaît et apprécie les avantages. Se les colle entre les jambes. Puis, tout en les maintenant en place, elle sort de la baignoire, récupère ses vêtements posés en tas sur le fauteuil, enfile sa culotte pour faire tenir les deux paquets, élimine les traces de sang dans la baignoire avec la douchette et jette le mouchoir détrempé dans les toilettes. Elle enveloppe la lame de rasoir dans un mouchoir propre qu'elle glisse dans son sac à main, puis remet le miroir à sa place. Après avoir, d'un geste rapide entre ses jambes, vérifié que les serviettes ne fuient pas et que sa main ne garde aucune trace de son méfait, elle serre la ceinture de sa robe de chambre, se passe un coup de brosse dans les cheveux devant la glace et sort de la salle de bains.

***

Séquence 22 : L'appartement des Kohut. Salon. Intérieur/nuit

L'émission de divertissement n'est pas encore terminée. La mère d'Erika a dressé une table de fête, elle s'est donné beaucoup de mal pour la détente et la joie de son enfant, épuisée par cette journée d'épreuves : sur la table trône un canard farci encore fumant, dont les marrons débordent de tous côtés. Depuis la cuisine nous parvient la

VOIX DE LA MÈRE : Assieds-toi, j'apporte juste la sauce.

ERIKA : Je peux éteindre la télé ?

LA MÈRE (*sur un ton pas très enthousiaste*) : Si ça te dérange... : Erika hésite une seconde, puis décide quand même de mettre fin à cette émission fatale pour les nerfs. À l'instant même où elle éteint le téléviseur, sa mère entre dans la pièce avec la saucière et les couverts de service.

LA MÈRE : Ça ne te plaît pas ?

ERIKA : Je suis fatiguée.

LA MÈRE (*s'approchant de la table*) : Ça se voit. Les auditions sont si épuisantes ?

Elle pose sur la table ce qu'elle a apporté et s'assied en regardant Erika qui, lui tournant le dos, consulte le programme posé sur la télévision.

ERIKA (*«distraite»*) : Ennuyeuses, plutôt, et ça, c'est fatigant aussi.

La mère, qui regardait sa fille d'un air «compatissant» et attendait qu'elle se décide enfin à passer à table, se raidit brusquement :

LA MÈRE : Hé ! Qu'est-ce qui se passe ?

Surprise par le ton inquiet de sa voix, Erika se retourne vers sa mère.

ERIKA : Qu'est-ce qu'il y a ?

La mère fait un signe de tête en direction des pieds d'Erika, sans rien dire, avec une expression de dégoût. Erika ne comprend pas tout de suite mais elle finit par relever sa robe de chambre et baisser les yeux. Un petit filet rouge coule sur sa jambe droite jusqu'à sa pantoufle.

LA MÈRE (*avec dégoût*) : C'est pour ça que tu es de mauvaise humeur ! Tu ne peux pas faire un peu plus attention à toi ? C'est vraiment pas appétissant !

***

Séquence 23 : Un kiosque à journaux – Extérieur/jour

Gros plan, plein cadre : derrière la vitrine, diverses revues pornographiques.

VOIX D'UN JEUNE HOMME (*accent «prolo»*) : ... Ça, tu le vois pas. Lui, chaque fois qu'il va gicler, il ressort sa bite et il te montre tout. Alors qu'en vrai, personne fait ça, on préfère rester dedans ! Mais pour la caméra, il faut qu'il montre sa p'tite goutte ! Mais elle ? Que dalle ! Deux, trois soupirs, et voilà ! Elles ne savent même pas crier comme il faut.

VOIX D'UN AUTRE JEUNE HOMME : (*l'interrompant*) : Écoute ça : « Jument en chaleur cherche fougueux étalon, bonne situation, pour essayer avec elle tous les jeux autorisés. Longueur minimum 20 cm, diamètre... »

VOIX D'ERIKA : Bonjour, « monsieur » Naprawnik.

Plan de demi-ensemble : Devant l'une des vitrines latérales du kiosque, ornée de magazines pornos, se tiennent trois adolescents. L'un d'eux vient de lire à voix haute une annonce parue dans un magazine qu'il a acheté. Le jeune homme à qui s'est adressé Erika fait un tour complet sur lui-même. C'est l'élève qui massacrait la Sonate de Beethoven à la séquence 2 et qui assistait également au récital chez les Blonsky. L'apparition soudaine d'Erika (tenant à la main une revue musicale qu'elle vient visiblement d'acheter) l'embarrasse beaucoup plus que ses deux camarades : ils se tiennent

derrière lui, légèrement gênés eux aussi mais néanmoins hilares.
NAPRAWNIK : Bonjour, professeur!
Sans se laisser démonter, Erika se faufile entre les trois garçons, s'approche de la vitrine, jette un coup d'œil aux photos puis s'éloigne en direction du conservatoire, non sans avoir fusillé son élève du regard.
UN DES CAMARADES : C'est qui, celle-là?
NAPRAWNIK : Ma prof de piano.

***

Séquence 24 : Une classe du conservatoire : Intérieur/jour
Naprawnik, l'élève pris sur le fait à la séquence précédente fait de son mieux pour se montrer à la hauteur de l'une des Suites anglaises de Bach, mais la fureur pédagogique d'Erika se nourrit encore de la colère due à la rencontre du matin :
ERIKA :... Ne posez pas les voix secondaires au premier plan!.... Savez-vous seulement où est la voix principale?... Ça sonne aussi transparent qu'un pare-brise graisseux... Mais c'est probablement à l'image de ce que vous avez dans la tête?....
Serrant les dents, Naprawnik parvient tant bien que mal à la fin du morceau malgré l'ironie mordante d'Erika. Il laisse maintenant ses mains retomber sur ses genoux et reste assis, tiraillé entre colère et désespoir, le regard fixe, s'attendant à d'autres reproches. Erika, choquée par la soumission muette qu'affiche le coupable, quitte son siège auprès de lui, s'avance jusqu'à la fenêtre et regarde au dehors. Au bout d'un moment, le regard toujours vers l'extérieur, elle reprend :
ERIKA : Vous abordez Bach de la même façon que

Beethoven, et Beethoven de la même façon que tout le reste... Qu'est-ce qui vous a poussé à étudier la musique? (*elle se détourne de la fenêtre pour regarder son élève en face*). Votre petit talent? Je peux vous assurer qu'il n'en vaut pas la peine. Si vous n'avez pas d'autre motivation, devenez pianiste dans une boîte de strip-tease et cessez de me faire perdre mon temps...

Au bord des larmes, Naprawnik se tourne vers Erika.

NAPRAWNIK : Professeur?....

ERIKA : Quoi?

NAPRAWNIK (*à voix basse*) : Je suis désolé.

ERIKA : De quoi?

NAPRAWNIK *(à peine audible)* : Pour tout à l'heure. Devant le kiosque.

ERIKA : Et pourquoi?

Naprawnik a touché le fond de la soumission volontaire et totale. A présent, il se contente de hausser les épaules. Mais Erika continue de le presser :

ERIKA : Pourquoi es-tu désolé?.... Et de quoi?!

Franchement dépassé, Naprawnik se détourne à demi vers le piano. Mais Erika n'abandonne pas si vite :

ERIKA : Ça ne va pas, ça.. Il ne suffit pas de dire que tu es désolé si je ne sais même pas de quoi... Es-tu désolé parce que tu es un salaud, ou parce que tes «amis» sont des salauds, ou encore parce que toutes les femmes sont des salopes puisqu'elles font de toi un salaud?.... Ou bien simplement parce que tu t'es fait pincer?... Je propose que tu demandes à ta mère...

La cloche sonne la fin de la leçon.

.. de venir me voir, elle, peut-être, elle pourra nous éclairer là-dessus.

Naprawnik s'est tourné à nouveau vers Erika.

ERIKA : Alors… de quoi êtes-vous désolé ? J'écoute… Silence radio. Eh bien, à la prochaine leçon, avec madame votre mère… Et maintenant, veuillez sortir de ma classe, j'ai besoin de la pause pour me remettre.

Erika va jusqu'à sa sacoche, en sort un sandwich, retourne à la fenêtre et commence à manger, sans daigner adresser un regard à Naprawnik. Celui-ci se demande d'abord s'il doit dire quelque chose, puis il range ses partitions d'un air résigné, jette un dernier coup d'œil hésitant vers son professeur qui regarde par la fenêtre, puis il murmure un timide « au revoir » et quitte la pièce. Immobile, Erika observe la rue en contrebas tout en mangeant son sandwich. Quelques secondes plus tard, on frappe à la porte. Erika continue à manger, sans même se retourner. Un autre coup à la porte. Erika ne réagit toujours pas. On frappe à nouveau.

ERIKA (*furieuse*) : Oui ?!

La porte s'ouvre, laissant paraître Walter Klemmer. Il reste sur le pas de la porte et dit :

KLEMMER : (*avec un charmant sourire*) : Cette fois, j'ai rendez-vous !

Erika fait volte-face.

ERIKA (*froidement*) : La pause n'est pas encore finie.

Klemmer referme la porte derrière lui.

KLEMMER : Et la leçon n'a pas encore commencé… Puis-je déballer mes partitions en attendant ?

Erika se détourne et regarde de nouveau par la fenêtre. Klemmer pose ses partitions sur le piano et, au bout d'un moment, Erika dit :

ERIKA : Vous savez que j'ai voté contre vous, n'est-ce pas ?

Klemmer s'interrompt et la regarde d'un air faussement étonné :

KLEMMER : Non ?!

ERIKA (*tournée vers la fenêtre*) : Je ne crois pas que vous soyez sérieusement intéressé par la musique. La seule chose qui vous intéresse, c'est le succès qu'elle vous apporte.

KLEMMER *(la regardant fixement après une seconde d'hésitation)* : Vous savez bien que c'est faux. Mais même si c'était vrai... serait-ce vraiment un motif inavouable ?

ERIKA (*se retourne face à lui*) : Oui.

La cloche sonne, interrompant la confrontation. Erika détourne les yeux et se met à jouer le « professeur pragmatique ». Elle s'approche du piano et feuillette les partitions de Klemmer.

ERIKA : Qu'est-ce que vous avez apporté ?.... Vous devriez laisser tomber Schubert... Pour le moment, le Schönberg est la seule chose que vous...

KLEMMER : (*il ne la quitte pas des yeux, et l'interrompt doucement mais avec conviction*) : Je me suis battu pour attirer votre attention, Erika...

Le dos d'Erika se raidit lorsqu'elle entend Klemmer l'appeler par son prénom. Mais ce dernier poursuit :

KLEMMER : Donnez-moi une chance ! Je sais que je ne vous suis pas aussi indifférent que vous voulez le laisser paraître.

Erika se tourne vers lui, pleine de « mépris », veut dire quelque chose, mais il ne la laisse pas parler :

KLEMMER : J'ai négligé mes études pour vous ! Laissez-moi finir ! (*Il est presque tenté de rire de sa propre fougue, ce qui ne le rend pas moins sympathique*). C'est la vérité. Et même si ça vous semble ridicule, depuis ce récital chez les Blonsky, vous êtes vissée dans ma tête comme un écrou sur un boulon ! (*Il rit à nouveau*) Pardonnez-moi cette comparaison quelque peu technique… Je n'avais aucune intention d'entrer au conservatoire…

ERIKA (*explosant*) : Arrêtez de mentir, ça ne prend pas !

KLEMMER : (*la regardant, très calme*) : Je ne mens pas.

Pendant un moment, ils se dévisagent mutuellement, mais Erika est forcée de se détourner. Elle pose la partition de Schönberg sur le pupitre et s'assied sur sa chaise à côté du tabouret.

ERIKA (*montrant la partition*) : Pour la prochaine fois, procurez-vous l'opus 19. Et pour aujourd'hui…

KLEMMER (*qui ne la quitte toujours pas des yeux, l'interrompant*) : On ferait mieux de parler d'abord, Erika. Je vous en prie !

ERIKA : Je n'en vois pas l'utilité. (*Elle montre à nouveau la partition*) Allez ! Ne restez pas planté là ! Asseyez-vous et commencez.

Klemmer s'installe au piano. Puis il s'adresse une nouvelle fois à Erika, mêlant d'une façon assez charmante l'autodérision et la gravité.

KLEMMER : Combien de cours vous reste-t-il après celui-ci ?

ERIKA (*«ennuyée»*) : Je vous en prie, hein…

KLEMMER : Vous pourriez dire que vous êtes malade, que vous avez une migraine ou quelque chose comme ça. Il fait tellement beau, dehors. On pourrait aller quelque part et parler tranquillement de…

ERIKA (*regardant droit devant elle*) : Soit vous commencez à jouer, soit ma migraine met un point final à la leçon.

Klemmer regarde encore longuement Erika, puis il revient à la partition et commence à jouer. Mais au lieu de l'opus 33b de Schönberg c'est le son synchrone du plan suivant – intense trafic automobile – qui nous fait passer à une nouvelle séquence.

***

Séquence 25 : Conservatoire – Extérieur/jour

Un bus qui passe occupe tout d'abord le cadre, avant de dégager le point de vue familier sur le porche de l'entrée.

Au bout de quelques instants, Klemmer sort de la pénombre de la cage d'escalier, descend les marches d'un pas rapide et traverse la rue, sortant du cadre par la droite.

Peu après, Erika surgit. Elle le cherche des yeux et finit par le découvrir :

à demi caché par les véhicules passant dans la rue qui les sépare, il est en train de prendre dans sa voiture un sac de sport et une crosse de hockey sur glace.

La musique commence doucement : c'est l'Andantino de la Sonate en La majeur de Schubert, que Klemmer a joué lors de son audition.

Klemmer referme la voiture et s'avance vers nous. Erika se réfugie en hâte dans la pénombre protectrice de la cage d'escalier.

Klemmer traverse de droite à gauche l'entrée du conservatoire et sort du cadre.

Quelques instants après, Erika ressort de la pénombre, descend les marches du perron et fait quelques pas dans la direction prise par Klemmer. La caméra panoramique avec elle, et nous découvrons au loin, derrière la passerelle vitrée du Konzerthaus, Klemmer qui marche d'un bon pas, chargé de son sac de sport.

Erika le suit.

***

Séquence 26 : Patinoire – Extérieur/jour

La musique continue (Andantino)

Une patineuse, seule sur la glace, enchaîne avec grâce tours et pirouettes.

Soudain, une horde de joueurs de hockey venus du bâtiment voisin déboule en braillant sur la piste. Certains s'amusent à effrayer la patineuse avec leurs crosses. Elle interrompt ses mouvements élégants, se penche en avant, furieuse, et hurle aux garçons quelque chose que la musique de Schubert nous empêche d'entendre, mais qui semble les mettre en joie. Elle finit par abandonner le terrain. Encore furieuse, elle s'agrippe à la rambarde de la piste, puis, dressée sur la pointe de ses patins, clopine tant bien que mal sur le plancher pour se réfugier à l'intérieur du bâtiment. Perdant soudain toute élégance, elle évoque la triste image d'un cygne forcé de quitter son élément et qui, privé de sa grâce naturelle, en proie à une agitation hystérique, se dandine sur la terre.

Peu avant qu'elle atteigne la porte du vestiaire, Klemmer l'ouvre et sort en courant : une demi seconde plus tard, c'était la collision. Vêtu d'une tenue de hockey comme les garçons, il s'apprête à mettre son casque et, tout en riant, crie quelque chose à la patineuse puis la dépasse à toute vitesse pour rejoindre la piste.

Gros plan : Erika – qui a suivi la scène depuis le porche donnant sur la piste – ébauche un sourire. Mais on ne saurait dire si elle est heureuse à la vue de Klemmer ou si elle se moque de lui.

***

Séquence 27 L'appartement des Kohut. Vestibule. Intérieur/jour

Erika sort en hâte de sa chambre et ferme la porte. Elle

enfile d'abord son Burberry puis, devant la glace, elle attache un foulard de soie sur sa chevelure. On entend sa mère faire du bruit dans la cuisine.
ERIKA (*criant*) : Ça va sûrement finir tard, parce que c'est notre première répétition du Mendelssohn, aujourd'hui. Alors, s'il te plaît, n'appelle pas chez Margot toutes les cinq minutes comme la dernière fois… c'est gênant. En plus, le directeur joue avec nous, et je ne veux pas qu'il me prenne pour une gamine…
La mère apparaît sur le seuil de la porte de la cuisine.
ERIKA :… c'est clair?
LA MÈRE (*«compréhensive»*) : Prends un taxi s'il est tard.
ERIKA (*agacée, imitant un petit enfant*) : Oui, maman!
Erika a pris en bandoulière son sac – sur le dessus duquel on voit dépasser des partitions – et se hâte à présent vers la porte, donnant au passage un baiser à sa mère.
ERIKA : Salut, maman.
LA MÈRE : Salut, ma fille.
Son sac étant trop plein pour ne pas attirer les soupçons, Erika est pressée de s'esquiver : sans se retourner, elle lève une dernière fois en guise d'au revoir sa main de pianiste, dernière chose que la mère voit de son enfant avant que la porte ne se referme.

***

Séquence 28 : Le conservatoire de musique de Vienne – Extérieur/crépuscule
Des étudiants sortent du bâtiment. Erika descend les marches avec Margot, une collègue (nous l'avons vue aux séquences 9, 10 et 19), qui lui donne le bras de façon amicale.

MARGOT (*avec un petit rire de conspiratrice*) :... Mais bien sûr ! C'est toujours une joie de mentir pour les amoureux. Je suis ravie pour vous, Erika...
Erika rit aussi, alors même que tout cela lui déplaît au plus haut point.
ERIKA : Si jamais elle rappelle après dix heures, le mieux serait de ne pas décrocher... C'est possible ?
Tout en bavardant, elles sortent du cadre.

***

Séquence 29 : Cafétéria – Intérieur/nuit
Un long comptoir en U avec de la junk food, du Coca et de la bière. Beaucoup d'espace autour pour rester debout. Seulement quelques petites tables avec des chaises en plastique. Tout cela évoque l'atmosphère des années 50. L'endroit n'a probablement pas été rénové depuis cette époque.
Les affiches de films qui décorent les murs suffisent à rappeler le récent passage au nouveau millénaire : pour l'essentiel, c'est le tout-venant des films d'action et de science-fiction.
C'est plutôt bondé, ici. Surtout des jeunes gens, en couples ou petits groupes. On s'interpelle, on se salue, on se dispute au buffet avec un personnel visiblement débordé à cette heure d'affluence.
Assise à une table un peu à l'écart, Erika lit. Devant elle, un expresso et un verre d'eau minérale à moitié vide. Elle a accroché son sac au dossier de sa chaise. De temps en temps, elle lève les yeux de sa lecture et regarde les gens autour d'elle. Mais cela ne dure qu'un instant, puis elle se remet à lire.
Au bout d'un moment, une longue sonnerie retentit. On

s'agite un peu plus encore au buffet pour essayer d'obtenir quelque chose à la dernière minute, tandis que la plupart des gens commencent à se diriger vers l'une des deux sorties.
Erika entend la sonnerie. Elle regarde vers les sorties où l'on se bouscule, boit une gorgée d'eau et poursuit sa lecture.

***

Séquence 30 : L'appartement des Kohut. Vestibule. Intérieur/nuit
Gros plan : le téléphone. Les mains de la mère d'Erika composent un numéro.
Plan américain : La mère d'Erika écoute la sonnerie à l'autre bout du fil. Finalement, quelqu'un décroche.
LA MÈRE : Oui, bonsoir. Ici Mme Kohut. Pourrais-je parler à ma fille, s'il vous plaît ?

***

Séquence 31 : Cafétéria/Cinéma drive-in Intérieur/Extérieur/nuit
À présent, la cafétéria est vide. Erika paie au comptoir. La fille à la caisse est en train de lui rendre la monnaie. Ensuite, Erika revient à sa table, prend son sac et se dirige vers une des sorties.
La caméra la précède en travelling (Steadycam) : Erika sort de la cafétéria, gravit les marches et nous nous rendons compte à présent que cette cafétéria est celle d'un immense cinéma drive-in, dont les films sont projetés sur trois écrans disposés en quinconce, taches de lumière dans la nuit.
Erika ne s'intéresse pas à ces reflets géants, mais à la

réalité : elle s'approche des voitures garées dans le drive-in.

***

Séquence 32 : L'appartement des Kohut. Salon. Intérieur/nuit

La mère d'Erika, elle aussi, « regarde au loin » ??? (es gibt kein Fernglas mehr). Mais elle n'arrive pas vraiment à se concentrer sur le programme ennuyeux de la « télévision ». Elle regarde sans cesse la pendule, ou la bouteille de liqueur posée à côté d'elle, dont elle se ressert régulièrement une « p'tite goutte ». Finalement, exaspérée, elle se lève et éteint la télévision.

***

Séquence 33 : Cinéma drive-in – Extérieur/nuit

Lent travelling latéral le long de la dernière rangée de voitures : il y a un couple dans chaque auto. Certains se font des câlins, d'autres mangent, la plupart regardent l'écran. Dans l'un des véhicules, un groupe de gaillards – inaudibles derrière les glaces – fait des commentaires sur le film. Enfin, une voiture apparemment vide.

Contrechamp sur Erika, qui s'arrête et s'approche prudemment.

Ses soupçons s'avèrent fondés : les dossiers des sièges avant sont rabattus, et le couple, à l'intérieur, est en pleine action.

Erika regarde et regarde.

Pour mieux voir, elle s'approche encore un peu et s'arrête tout près de la portière. Elle se penche, car le toit l'empêche de voir à l'intérieur.

Déjà elle entend, sous le son du film qui sort du haut-parleur accroché dans la voiture, les soupirs des deux partenaires.

Erika ne peut plus tenir. Devant les stimulantes activités du couple, le besoin qui lui brûle la vessie se fait toujours plus pressant. Elle baisse prudemment sa culotte, remonte avec soin sa jupe et son Burberry de façon à ne pas les mouiller, s'accroupit et pisse par terre.
Dans la voiture, le jeune homme se prépare au sprint final : soulevant son torse, il prend son élan pour donner plus de force à ses coups de bélier. Sa partenaire l'en récompense par des gémissements passionnés. Soudain, il marque une pause : à travers le pare-brise arrière, il vient d'apercevoir le foulard de notre héroïne toujours accroupie. Il le fixe des yeux, sans comprendre tout de suite de quoi il s'agit.
Erika, toute occupée à se soulager, est alertée par la soudaine immobilité de la voiture, qui jusque là tanguait légèrement. Elle relève la tête. Erika et le bélier, stupéfaits, se regardent dans les yeux.
A présent, tout va très vite. Erika cesse de se soulager, se relève, remonte sa culotte, rajuste sa jupe et son Burberry. Le bélier se déboîte de sa partenaire étonnée, ouvre la porte et tente de sortir, mais, d'abord empêtré dans son pantalon qui pend sur ses chevilles, il ne peut menacer sérieusement Erika.
L'espace d'un instant, ils se regardent en chiens de faïence.
VOIX DE LA FILLE : Qu'est-ce qu'il y a, Franzi ?
Mais Franzi est occupé : il tente rageusement de couvrir sa nudité pour retrouver sa pleine liberté de mouvement.
FRANZI (*pour lui-même*) : Putain de merde…
Après une seconde d'effroi, Erika s'est ressaisie et prend la fuite d'un pas rapide, mais sans courir pour ne pas perdre sa dignité.
Elle est suivie en off par la
VOIX DE FRANZI : Reste là, connasse !
Voilà qui incite Erika à presser le pas.

Lentement commence l'Andantino de Schubert.
Erika longe les files de voitures. C'est une longue fuite. Elle finit par s'arrêter, hors d'haleine, près de la sortie du cinéma, devant les panneaux d'affichage lumineux. Elle se retourne et regarde derrière elle. Visiblement, Franzi a renoncé à la poursuivre. Tout est calme. Les écrans jettent des lueurs changeantes sur les voitures.

***

Séquence 34 : L'appartement des Kohut. Vestibule. Intérieur/nuit
La musique continue (Andantino).
La mère d'Erika est au téléphone, mais à l'autre bout, plus personne ne décroche. On entend seulement, en sourdine, la tonalité.

***

Séquence 35 : Reichsbrücke – Extérieur/nuit
La musique continue (Andantino).
Erika est dans un taxi. À l'arrière-plan, les lumières des immeubles neufs du quartier de l'ONU.

***

Séquence 36 : Appartement des Kohut. Salon. Couloir. Chambre d'Erika. – Intérieur/nuit
La musique continue (Andantino).
La mère, affolée, erre dans l'appartement ; ses coups d'œil à la pendule sont autant de coups de poignard. Elle déplace deux bibelots, recentre la coupe de cristal sur le dessus du piano, puis astique les fruits artificiels qu'elle contient avec un chiffon doux. Alors qu'elle tend à

nouveau la main vers la bouteille de liqueur, elle se souvient des ciseaux qui sont dans la commode devant elle, s'en empare et se précipite d'un air décidé dans la chambre d'Erika.
Là, elle ouvre l'armoire et jette tous les vêtements de la méchante enfant à travers la pièce. Ayant posé les ciseaux pour ouvrir l'armoire, elle ne se rappelle leur existence qu'au moment où elle essaye en vain de déchirer avec les dents un des «chiffons». Voilà qui facilite les choses : la mère découpe aux ciseaux les bordures et les manches de l'objet de sa fureur – et demain, avant de partir au conservatoire, l'enfant ainsi châtiée devra se lever de bonne heure pour tout ranger.

***

Séquence 37 : Cage d'escalier – Intérieur/nuit
La musique continue (Andantino).
Erika entre dans le hall, venant de la rue où le taxi redémarre.
Elle allume la lumière, nettoie soigneusement ses chaussures, sort un miroir de son sac et vérifie rapidement son apparence : rien ne saurait éveiller les soupçons maternels.
Erika monte l'escalier.

***

Séquence 38 : L'appartement des Kohut. Vestibule Intérieur/nuit
La musique continue (Andantino).
La porte de l'appartement (comme à la séquence 1). Nous entendons le bruit d'une clé dans la serrure. Erika apparaît, aveuglée comme un papillon de nuit par la lumière crue du vestibule. Toutes les lumières sont allumées, comme

pour une fête. Alors qu'elle se retourne pour fermer la porte, sa mère surgit brusquement, en chemise de nuit et robe de chambre, renversant dans sa précipitation le porte-parapluies dont la chute produit un bruit métallique : la musique s'arrête comme si elle avait peur. Sans un mot, la vieille femme commence à rouer de coups cette enfant qui lui cause tant de tracas.

ERIKA *(surprise)* : Arrête, maman !!!

Par un sifflement bruyant entre ses dents, la mère ordonne à son enfant de se taire et lui arrache son foulard en soie, révélant ses cheveux dans toute leur splendeur. Comme elle continue à la battre, l'enfant se met à répliquer. Mais elle tient encore d'une main son énorme sac, et s'étale de tout son long. Elle pousse un cri de colère.

LA MÈRE *(penchée sur elle, sifflant entre ses dents) :* Tais-toi !!!

ERIKA (*fort*) : C'est à toi de te taire !

Sans répondre, la mère se met alors à griffer le visage de son enfant. Erika la fait tomber sur elle et lui rend la pareille. Sa mère se met à brailler. (Un voisin commence à donner des coups au plafond.)

ERIKA (*en même temps*) : Et tant pis si les voisins viennent se plaindre demain. De toute façon, c'est toi qui vas prendre.

La mère geint. Erika essaye de se relever.

ERIKA : Arrête de pleurnicher. C'est toi qui as commencé !

LA MÈRE (*pleurnichant*) : Non, c'est toi !

Erika, plaquée au sol par le poids de sa mère, tente de se relever. La mère en profite pour lui arracher du front une touffe de cheveux. Erika hurle. Sa mère est tellement effrayée par la force de son cri qu'elle s'arrête. Et voici les deux dames assises l'une en face de l'autre sur le tapis du vestibule, haletantes sous la lumière crue. La chemise de

nuit de la mère a glissé pendant la bagarre, ce qui permet de constater qu'elle est restée, malgré tout et avant tout, une femme.
ERIKA (*pudique*) : Couvre-toi.
Gênée, la mère obéit. Les deux femmes s'efforcent de reprendre leur souffle. Puis, au bout d'un moment :
ERIKA *(épuisée)* : C'était vraiment nécessaire ?
LA MÈRE (*après une pause tout aussi longue*) : Ton père est mort cet après-midi.

Séquence 39 : Crématorium – Intérieur/jour
Le cercueil glisse sur un tapis roulant qui l'entraîne vers la chambre de combustion. À l'extérieur, quelqu'un appuie sur un bouton. Le cercueil s'embrase dans une gerbe de flammes. Erika et la mère regardent par la vitre de protection. Leurs visages sont rougis par la lueur du feu.

***

Séquence 40 : Konzerthaus – Extérieur/jour
Sur le panneau près de l'entrée, on est en train de placarder, au milieu des affiches d'autres manifestations, l'avis annonçant le concert de fin d'année du conservatoire de Vienne. La première partie du programme comprend diverses œuvres de musique de chambre et se termine par des lieder du « Voyage d'hiver » de Schubert ; la seconde partie commence par un des « Concertos brandebourgeois » de Bach et se poursuit avec d'autres œuvres pour orchestre. Mais pour le moment, nous entendons seulement le bruit de la circulation matinale. Un taxi s'arrête, dont descend en hâte une Anna Schober toute pâle. Sa mère lui lance par la portière encore ouverte :

MME SCHOBER : Allez, prends sur toi !
Se retournant brièvement, Anna, toute essoufflée, la main déjà posée sur la porte d'entrée, acquiesce d'un air absent et se précipite à l'intérieur. Sa mère referme la portière du taxi et le chauffeur démarre. Le colleur d'affiche, lui aussi, a maintenant fini son travail, et nous pouvons lire les noms des élèves qui vont affronter le public.

***

Séquence 41 : Konzerthaus. Grande salle
Intérieur/ jour

Sur la scène, on joue le deuxième mouvement du Sextuor à cordes en Si majeur de Brahms. Eparpillés dans la salle vide, des professeurs du conservatoire, des petits groupes d'élèves et le directeur. On écoute attentivement. Certains prennent des notes. Le directeur est assis au premier rang. Une jeune femme, peut-être sa secrétaire, s'approche de lui à pas feutrés. Ils se chuchotent quelque chose, puis la femme quitte la salle.
Erika est assise à quelques rangs derrière le directeur, à côté d'une collègue (que nous avons vue à la séquence 19). Décalé latéralement, mais juste un rang derrière, Klemmer, bien qu'il tienne devant lui sa partition grande ouverte, ne quitte pas Erika des yeux. La jeune femme fait mine de ne pas le remarquer, ou en tout cas de ne pas s'en soucier, mais elle est de plus en plus nerveuse. Elle finit par se retourner et lui jette un coup d'œil « en passant ». Elle se détourne à nouveau. Trouble grandissant, tension de cette musique passionnée : voilà qui attire l'attention d'autres élèves.
Soudain, une élève entre dans la salle et fait un signe à Erika, qui se lève et la rejoint dans le foyer. Klemmer les suit du regard.

***

Séquence 42 : Konzerthaus. Vestiaire des musiciens. Intérieur/jour

Anna Schober, l'air penaud, est en train de suspendre son manteau à un crochet. Le jeune ténor qu'elle doit accompagner au piano (nous les avons déjà vus à la scène 13), après un bref coup d'œil vers son professeur de chant pour s'assurer de son approbation, se plante devant Anna et lui fait part de son indignation :

LE TÉNOR :... Je dois te dire que je trouve ça plus que cavalier... Tu ne te rends même pas compte des conséquences de ton comportement hystérique...

Erika arrive avec l'élève qui est venue la chercher.

ERIKA (*d'un ton sec et méprisant*) : C'est gentil de nous honorer quand même de votre présence, mademoiselle Schober. Puis-je vous demander ce qui vous a retenue ?

La jeune fille est au bord des larmes. Elle détourne la tête.

ERIKA (*s'avançant vers elle, d'un ton cassant*) : Allez, arrête ton cinéma ! Qu'est-ce qui s'est passé ?

ANNA (*à mi-voix, honteuse*) : J'ai la diarrhée.

ERIKA (*à voix haute*) : C'est la peur, ou quoi ?

Anna opine du chef.

ERIKA : Avec des nerfs comme ça, on ne devient pas pianiste !

LE TÉNOR (*à son professeur, avec ostentation*) : Je ne sais pas comment je vais pouvoir chanter après toute cette agitation. C'est vraiment...

ERIKA (*se retournant vers lui, froidement*) : N'en faites pas trop, (vous) !

Le jeune ténor en reste sans voix, et son professeur n'a pas le temps de venir à sa rescousse car à côté, dans la grande salle, les jeunes musiciens viennent d'arriver à la fin du Sextuor de Brahms.

LE PROFESSEUR DE CHANT (*avec un geste en direction de la salle*) : C'est à vous. Allez !

Le ténor voudrait bien protester devant un tel manque de compassion, mais s'en abstient car il se rend compte qu'il n'aura pas le dessus. Et c'est en se donnant l'air d'un héroïque trompe-la-mort qu'il entre dans la salle. Anna, en entendant les mots du professeur de chant, s'est retournée vers Erika dans un état de panique désespérée. Erika lui fait un signe de tête.

ERIKA : Allez, on ne va pas vous manger… Et puis ce n'est qu'une répétition. Alors ne faites pas la bécasse. Est-ce que je vous aurais surestimée ?

Anna secoue piteusement la tête et prend sa partition.

***

Séquence 43 : Konzerthaus. Grande salle Intérieur/jour

Les musiciens du sextuor ont rangé leurs pupitres et leurs chaises ; tandis qu'Anna et le ténor montent sur l'estrade, on tente de remettre à sa place le piano de concert qu'on avait poussé au fond de la scène. A cette heure matinale, grâce aux bienfaits du syndicat, deux employés seulement sont disponibles : quelques élèves présents dans la salle les ont pris en pitié et les aident à déplacer le dinosaure laqué de noir.

Les deux solistes attendent debout, tels des colis que personne ne serait venu retirer. Le ténor tente de masquer son inutilité en saluant certains professeurs d'une révérence maladroite et guindée. Anna, dépassée par la situation, est à nouveau au bord des larmes. Ne sachant quelle attitude adopter, elle cherche des yeux le tabouret du piano, qui reste introuvable.

Klemmer, qui se révèle également remarquable comme déménageur de piano, s'approche de cette pauvre petite chose qui fait pitié à voir, agrippée qu'elle est à sa partition. Il lui lance une boutade que nous n'entendons pas car nous voyons la scène avec les yeux d'Erika. Restée seule près de la porte de la salle, elle se raidit de plus en plus en observant les efforts déployés par Klemmer pour améliorer l'état psychique d'Anna. Tandis que les autres élèves amènent le piano jusqu'à sa place définitive, l'ouvrent et vont chercher derrière l'estrade le tabouret manquant, Klemmer, usant de son charme, réussit à dissiper les craintes d'Anna et même à la faire rire. Puis, en parfait gentleman, il lui prend sa partition, la conduit jusqu'à son tabouret et, après un regard appuyé en direction d'Erika, il approche du piano une des chaises restées sur la scène et s'installe pour tourner les pages de la partition. Un peu flattée et complètement sous le charme, Anna, après un bref échange de regards avec le chanteur, commence enfin à jouer. Et elle joue bien. Comme si sa maladresse d'adolescente avait été effacée d'un seul coup par la musique de Schubert et les attentions de Klemmer. Dans l'introduction de « Au village », Anna fait preuve d'une grande sensibilité et d'une énergie dénuée de sentimentalisme.

Erika est toujours debout, immobile. Pendant un moment, elle écoute le lied. Puis elle se recule discrètement et sort de la salle.

***

Séquence 44 : Konzerthaus. Foyer. – Intérieur/jour

Raccord direct.
Erika sort de la salle. Ferme la porte derrière elle. Nous entendons vaguement, provenant de la salle, la Suite du lied (déjà entendue à la séquence 13) :
LE TÉNOR (*très lointain*) : …
« lasst mich nicht ruhen in der Schlummerstunde !
Ich bin zu Ende mit allen Träumen,
Was soll ich unter den Schläfern säumen ? »
(… « ne me laissez pas en paix à l'heure du sommeil !
J'en ai fini de tous les rêves,
Pourquoi m'attarder parmi les dormeurs ? »)
Erika, qui jusque là est restée appuyée contre la porte de la salle, s'en détache quand elle entend les premières notes du lied suivant, et sort du cadre.

***

Séquence 45 : Konzerthaus. Vestiaire des musiciens. Intérieur/jour

Erika erre sans but entre les portants du vestiaire, essayant de retrouver son sang-froid. Ici, on n'entend plus de musique. Finalement, elle se laisse tomber sur un des bancs. Soudain, elle aperçoit le lavabo fixé au mur en face d'elle. Juste au-dessus, un verre sale traîne sur l'étagère du miroir. Erika le considère un moment, puis se lève brusquement et regarde autour d'elle. Quelques manteaux et vestes sont suspendus sur des cintres. Erika fouille plusieurs poches et a vite fait de trouver un mouchoir. Elle revient devant le miroir, enveloppe le verre dans le mouchoir, le pose par terre et l'écrase vigoureusement avec le talon de sa chaussure. Bruit étouffé de verre brisé. Erika déplie le mouchoir, examine les éclats

qui lui semblent encore trop gros, replie le mouchoir et écrase encore le tout à deux reprises.
Elle examine à nouveau le contenu du mouchoir, paraît satisfaite, va jusqu'au manteau bleu clair d'Anna et vide soigneusement dans sa poche les éclats de verre tranchants.

***

Séquence 46 : Konzerthaus. Grande salle
Intérieur/jour
Erika entre dans la salle et referme la porte sans bruit. Elle se faufile discrètement dans une rangée de sièges vides. Sur la scène, le ténor et Anna Schober, assistés par Walter Klemmer qui tourne attentivement les pages de la partition, interprètent un autre lied. C'est une bonne interprétation. Erika les écoute.
LE TÉNOR (*chantant*) :
« Was vermeid'ich denn die Wege,
wo die andern Wandrer geh'n,
suche mir versteckte Stege
durch verschneite Felsenhöh'n ?
Habe ja doch nichts begangen,
dass ich die Menschen sollte scheu'n -
welch ein törichtes Verlangen
treibt mich in die Wüstenei'n ? »
(Pourquoi éviter les sentiers
où vont les autres vagabonds ?
Pourquoi chercher des sentes cachées
dans la neige des montagnes ?
Pourtant, je n'ai rien fait de mal
pour fuir ainsi les hommes.
Quelle est donc la folie
qui me pousse vers ce désert ?)

***

Séquence 47 : Konzerthaus. Vestiaire des musiciens Intérieur/jour

La pièce est maintenant pleine de monde. Les jeunes musiciens de l'orchestre s'interpellent dans un bruyant désordre. Des étuis d'instruments sont posés partout; des manteaux, des casquettes et des écharpes sont suspendus aux portants. Certains enfants mangent des sandwichs. Un gros garçon vient de marcher dans l'étui à violon d'une fille et se fait copieusement engueuler.

LE DIRECTEUR (*gentiment ironique*) : Un peu moins d'agitation, je vous prie, messieurs dames ! L'entracte est terminé. Tout est prêt pour l'orchestre, vous pouvez rejoindre vos places...

Quelques musiciens disparaissent dans la salle. Erika se tient près de la porte avec Klemmer.

KLEMMER (*avec emphase et autodérision, : essayant de convaincre Erika*) :... (Je sais que) vous me jugez dépourvu de sensibilité et de plus, hélas, je suis souvent superficiel – vous voyez, Erika, je l'admets –, mais me conseiller de ne pas toucher à Schubert, c'était une grossière injustice de votre part. C'est tout le contraire. Il y a des jours, comme après notre première leçon, où j'ai l'impression que...

Erika ne l'a écouté qu'à moitié, comme si elle attendait tout autre chose. Mais à l'instant où le cri d'Anna emplit la pièce, elle sursaute quand même. Klemmer et elle ne sont pas très loin du portant auquel était suspendu le manteau d'Anna; il suffit à Walter d'écarter deux élèves pour assister au spectacle :

Abasourdie, Anna regarde sa main complètement tailladée, d'où plusieurs filets de sang gouttent sur son manteau bleu clair. Elle reste un moment muette d'horreur, puis elle se remet à crier. Les gens autour d'elle, tout d'abord paralysés eux aussi, se précipitent maintenant sur elle. Ceux qui étaient plus loin se rapprochent. On rappelle le directeur qui était en train de rejoindre la salle, mais un autre enseignant est déjà auprès d'Anna. Dans un premier temps, comme les autres, il ne parvient à dire que « Mon Dieu ! » tellement il est choqué à la vue de tout ce sang. On entend crier « Silence ! » puis « Appelez une ambulance ! », et les gens demandent ce qui s'est passé.

Revenu en hâte, le directeur voit Anna, inondée de sang et de larmes, désigner la poche de son manteau tout en poussant des hurlements convulsifs. Quelqu'un retourne prudemment la poche, d'où tombent les petits éclats de verre coupants comme des lames de rasoir. Nouveaux cris, indignation. Exhortations au « calme ». Erika observe tout cela sans laisser paraître la moindre émotion.

ERIKA (*à Klemmer*) : Je ne peux pas voir ça. La vue du sang me rend malade. Occupez-vous d'elle. Jouez donc les protecteurs…

C'est surtout le ton de la dernière phrase d'Erika qui attire l'attention de Klemmer. Il la dévisage. Erika le regarde droit dans les yeux pendant un moment, puis se détourne brusquement et quitte la pièce. Klemmer la regarde s'éloigner, hésite. Finalement, il se tourne quand même vers la ruche bourdonnante qui entoure Anna. Bribes de conversation :

UN ÉLÈVE PLUS AGÉ : L'ambulance arrive.

UNE ÉLÈVE (*à voix basse*) : Elle l'a sans doute fait exprès pour se rendre intéressante.

UNE AUTRE ÉLÈVE : T'es con ou quoi ?!

UN PROFESSEUR (*poussant les étudiants vers l'escalier*) : Allez, messieurs dames ! Circulez, il n'y a rien à voir ! La répétition continue ! Avanti, avanti !

Gros plan : la main ensanglantée d'Anna.
Gros plan : le visage de Klemmer.

***

Séquence 48 : Konzerthaus. Foyer. Escalier. Toilettes. – Intérieur/jour

Erika monte l'escalier en courant et double les gens qui affluent dans la salle. Tous ceux qui la voient pensent qu'elle ne se sent pas bien mais, en réalité, elle s'enfuit vers les toilettes. Endroit qui l'attend toutes portes ouvertes car les femmes de ménage, sans doute pour mieux aérer, ont coincé avec les arrêtoirs les portes des toilettes hommes et femmes. Erika entre dans les toilettes les plus proches et essaye de débloquer la porte pour la fermer, mais elle est si impatiente qu'elle n'y arrive pas tout de suite et abandonne. Elle se précipite dans une des cabines, on entend le bruit du verrou, le froufrou des vêtements et, peu après, l'écoulement torrentiel de l'urine dans la cuvette. Soupir de soulagement. Sur le verrou de la porte, un arc de cercle rouge indique : « Besetzt » (occupé). À l'extérieur, le bruit des étudiants diminue – sans doute est-on en train de fermer les portes de la salle. Le bruit du jet met longtemps à décroître. Finalement, il est recouvert par des pas qui résonnent sur le dallage du couloir. Sur le seuil de la porte ouverte des toilettes apparaît alors le vagabond solitaire : Walter Klemmer. Il tend l'oreille, attend un moment, n'est pas tout à fait sûr de pouvoir se fier à ce qu'il entend.

KLEMMER (*après un moment*) : Erika ?.... Vous êtes là ?

On entend le bruit d'une chasse d'eau qui achève de se vider dans l'une des cabines. Puis un raclement de gorge à moitié étouffé. Voilà qui indique le chemin. Cette fois,

Klemmer sait enfin ce qu'il doit faire. Il commence par fermer la porte qui donne sur le couloir. Faisant preuve de présence d'esprit, il repère un seau en métal plutôt malpropre sur lequel on a étalé une serpillière pour la faire sécher. Klemmer enlève la serpillière, apporte le seau jusqu'à la cabine indiquée, le retourne, grimpe dessus et se hisse sur la cloison derrière laquelle viennent de tomber les dernières gouttes. Entre-temps, Erika a rabaissé sa jupe et, le visage cramoisi, regarde sans mot dire celui qui se penche vers elle. Klemmer réussit à déverrouiller la porte. Il descend du seau et fait sortir Erika de la cabine. Il a enfin le droit de donner libre cours à son désir. S'ensuit un interminable jeu de langues, dans les pauses duquel il ne cesse de répéter d'une voix haletante le nom d'Erika, tout en essayant de pénétrer avec sa main celle qu'il convoite depuis si longtemps. Ce faisant, il la travaille si violemment que sa partenaire, docile au début, ne peut que laisser échapper un petit cri de douleur. Klemmer se dépêche de rattraper tout ce dont il a été privé pendant si longtemps. De sa main libre, il tire sur le pull-over et le chemisier d'Erika pour les faire sortir de sa jupe et se frayer aussi un passage vers le haut, malgré l'obstacle du col en V. Puis il tente de la faire s'allonger sur le carrelage, afin que la chose parvienne à son apogée naturelle. C'est là que les mains d'Erika passent elles aussi à l'action :

ERIKA : Attends.

Elle tente de le repousser.

KLEMMER (*qui pleure presque d'excitation*) : Pourquoi ? On a tellement attendu, Erika. Viens ! Je t'en prie ! Mais pourquoi ?

Entre-temps, Erika a réussi à le repousser quelque peu et à ouvrir sa braguette en un ultime geste libératoire. En signe de gratitude, Klemmer tente de la jeter au sol.

ERIKA (*à voix basse mais autoritaire*) : Arrêtez!

Klemmer ne réalise pas tout de suite le changement qui vient de se produire. Ses doigts sont encore dans le bas-ventre de sa bien-aimée et il ne voit pas pourquoi elle exige de lui quelque chose dont elle ne saurait tirer le moindre avantage. Erika doit insister plusieurs fois :

ERIKA : Je vous ai dit d'arrêter! Si vous n'arrêtez pas tout de suite, je m'en vais!

Klemmer la fixe d'un air incrédule.

KLEMMER : Erika... ?

Erika, hors d'haleine, lui lance un regard grave. C'est seulement lorsqu'il s'arrête de bouger que nous devinons, au mouvement de l'avant-bras d'Erika, que ses mains travaillent à le satisfaire. Aussitôt, Klemmer se sent appelé à travailler lui aussi pour elle. Mais il est allé trop vite en besogne. Erika cesse immédiatement ce qu'elle était en train de faire. Klemmer ne peut ou ne veut pas y croire, mais finalement il n'a pas d'autre choix que de délaisser définitivement, après quelques tentatives maladroites, le bas-ventre d'Erika. Incrédule, il baisse la tête et observe les activités de la jeune femme.

ERIKA : Regardez-moi, pas votre pénis.

Klemmer se reprend. Erika travaille.

KLEMMER : Erika!.... Ce serait tellement plus beau... pour nous deux!

ERIKA : Taisez-vous!.... Et ne bougez pas! Sinon, je m'en vais.

Dehors, l'entracte est fini. Le Concerto Brandebourgeois de Bach commence au loin. On n'en perçoit que mieux les silences dans la conversation et les rythmes différents des halètements des deux amants. Erika travaille. Le temps passe.

KLEMMER : Erika... Je t'aime tellement. Je t'ai

tellement attendue. Personne n'a… aïe!!…. Pourquoi tu me fais mal?
ERIKA : Je vous le dis pour la dernière fois. Si vous ne vous taisez pas immédiatement, vous allez rester seul ici!
Klemmer se tait. Erika travaille. Puis elle s'agenouille devant lui, sortant ainsi du cadre. Après un moment durant lequel Erika déploie une activité silencieuse, on entend en off un râle.
KLEMMER (*oppressé*) : Je ne peux plus me retenir! Si tu continues… Attends un peu! (*il laisse brusquement échapper un cri de douleur*) Aïïe!!!
ERIKA (*off*) : J'ai dit : silence!
Soufflant bruyamment, Klemmer baisse de nouveau la tête vers Erika et ses efforts amoureux. Haletant, il murmure comme au théâtre :
KLEMMER : Ça y est! Ça vient!!!….
ERIKA (*froidement*) : À l'avenir, je vais vous écrire ce que vous avez le droit de me faire.
KLEMMER : Ne t'arrête pas!!!
ERIKA (*off, impassible*) : Je vais mettre mes désirs par écrit et vous pourrez en prendre connaissance à tout moment. Ça n'a pas l'air de vous réjouir, Walter Klemmer?
KLEMMER (*haletant*) : S'il te plaît!!! Tu ne peux pas t'arrêter maintenant!!
Désemparé, Klemmer suit des yeux Erika qui se relève, apparaissant à nouveau en bas du cadre. Suppliant, il pousse son corps vers elle.
ERIKA (*froidement*) : Je n'ai plus envie de toucher ça maintenant.
KLEMMER (*s'approchant encore plus près d'elle*) : S'il te plaît, Erika!
ERIKA : Pas question.

Désespéré, Klemmer se retourne pour achever lui-même le travail.
ERIKA : Bas les pattes, monsieur Klemmer ! Sinon vous ne me reverrez jamais.
Klemmer est partagé entre les ordres d'Erika et son propre besoin. Il se tourne à nouveau vers elle, à la fois furieux et quêtant sa compréhension.
KLEMMER : C'est totalement malsain ! Tu le sais, ça ? Et, en plus, ça fait mal !
ERIKA (*froidement*) : Je compatis.
Erika se dirige vers un des lavabos et se lave rapidement les mains. Puis elle boit quelques gorgées d'eau. Klemmer en profite pour essayer de se délivrer. Erika s'en aperçoit et se redresse.
ERIKA (*d'un ton tranchant*) : Walter ! Arrêtez ! (*plus calmement*) Vous êtes stupide. Vous gâchez tout.
Klemmer la regarde, cherchant à susciter sa compassion.
ERIKA : Maintenant, je ne vous toucherai plus, vous pouvez me croire. Restez tranquille, j'ai dit ! (*il tente de se retourner*) : Face à moi ! Et attendez la suite… (*Klemmer esquisse quelques mouvements pour cacher sa nudité*) : Ne remballez pas !
Klemmer obéit et fixe longuement Erika tandis qu'il sent sa virilité se ratatiner sous le regard indifférent de la jeune femme. Peu à peu, le désir fait place à la colère.
KLEMMER : Ce n'est pas moi qui suis stupide. C'est toi. Tu devrais savoir ce qu'on peut faire ou ne pas faire à un homme. (*À mi-voix*) Espèce de salope…
ERIKA (*d'un ton tranchant*) : Fermez-la !
KLEMMER (*après une pause*) : Je veux bien jouer à tous les jeux, mais les règles doivent être les mêmes pour tous… Si tu crois que…
Comme Klemmer continue d'ignorer ses instructions,

Erika se dirige à présent vers la porte pour quitter cet endroit inhospitalier. Alors qu'elle a déjà posé sa main sur la poignée, Klemmer la supplie :

KLEMMER (*implorant*) : Ne pars pas ! (*Erika se retourne*) : Je ne bouge pas. Je ne dis plus un mot... Parole d'honneur !

Erika ouvre la porte en grand. Nous entendons maintenant assez distinctement le Concerto de Bach en provenance de l'étage en dessous. On entend aussi des voix au rez-de-chaussée – probablement les séquelles acoustiques de l'attentat perpétré par Erika sur Anna Schober. L'escalier et les couloirs semblent encore déserts mais si, pour une raison ou pour une autre, quelqu'un venait à monter à l'étage, il surprendrait Klemmer dans toute sa splendeur, même déclinante. Erika l'observe et jouit de son silence.

Klemmer a abandonné toute résistance. Planté là dans sa nudité de moins en moins attirante, il regarde Erika droit dans les yeux, plein de reproches et avide de vengeance. Erika laisse la porte ouverte, s'approche de lui et l'asticote encore un peu. Puis elle se recule pour constater les effets de sa manipulation. Klemmer laisse Erika l'observer à loisir, sans rien faire pour l'en empêcher.

ERIKA : Je vous ferai parvenir mes instructions. Par écrit. Ou de vive voix. Ou peut-être par téléphone. (*Après une nouvelle pause, pendant laquelle elle observe Klemmer en silence*) : Maintenant, vous pouvez le remballer.

Après un dernier regard appuyé, Klemmer se retourne pour suivre les instructions d'Erika.

ERIKA : J'ai dit : face à moi !

Klemmer fait ce qu'elle dit. Il est content d'être enfin autorisé à bouger. Pendant quelques secondes, il se livre à un training express et boxe dans le vide en sautillant.

Il ne semble pas avoir été sérieusement atteint. Il court d'un bout à l'autre des latrines. Plus il paraît détendu et souple, plus son professeur a l'air rigide et crispée. Malheureusement, elle s'est retirée tout au fond de sa coquille. Klemmer est obligé de la dérider : il la taquine en lui donnant des petites tapes dans le dos et sur les joues.

KLEMMER : Vous ne voulez pas rire un peu, Erika ? Ne soyez donc pas si sérieuse, jolie dame !... « La vie, c'est sérieux, mais l'art, c'est joyeux ! »

À l'âge de Klemmer, on oublie plus vite un choc qu'à celui d'Erika. Il sort précipitamment dans le couloir et, aux accents de Bach, se lance dans un sprint de trente mètres. Tout essoufflé, il passe en trombe près d'Erika puis revient vers elle. Il trouve un dérivatif à sa gêne en riant très fort. il se mouche bruyamment.

KLEMMER (*riant*) : La prochaine fois, on s'en sortira beaucoup mieux. Je te le promets... C'est en forgeant qu'on devient forgeronne !

Il éclate de rire. Pour finir, il descend le majestueux escalier en faisant de grands bonds, parvenant tout juste à négocier le virage. C'est presque effrayant à voir. Erika entend claquer la lourde porte principale au rez-de-chaussée. Klemmer semble avoir quitté le bâtiment. Erika reste sur le palier.

***

Séquence 49 : L'appartement des Kohut. Chambre d'Erika. – Intérieur/Nuit

On dirait qu'il y a eu une explosion dans l'armoire d'Erika : elle a sorti tous ses trésors accumulés au fil des ans, en a suspendu certains sur des cintres, étalé d'autres sur les meubles et par terre. Quelques sacs provenant de

diverses boutiques sont posés çà et là, remplis d'accessoires qu'elle vient d'acheter : des ceintures, des sacs, des chaussures, des gants, des bijoux fantaisie, etc...
Erika essaye des habits, expérimentant plusieurs combinaisons possibles dans un état d'excitation hystérique, mélange de joie inquiète et de colère vis-à-vis de son reflet dans le miroir qui, soumis à un examen sévère, ne la satisfait pas.
De la pièce voisine nous parvient le son du programme télévisé.

***

Séquence 50 : Conservatoire. Salle de classe. Intérieur/jour

Gros plan : Mme Schober, en larmes.
MME SCHOBER :... Quelques mois... et même là, ils ne pourront pas encore nous dire si elle retrouvera toute sa mobilité...
Gros plan : Erika. Sa transformation ne saurait passer inaperçue. Elle est joliment maquillée, porte une robe « jeune » et s'est coiffée dans le même esprit.
ERIKA : C'est épouvantable. En plus, elle s'en est plutôt bien tirée. Son problème, c'était moins la technique que les nerfs. Et les nerfs, elle les a. Son jeu était étonnant, hier, alors qu'elle a failli ne pas venir...
Les sanglots de Mme Schober redoublent.
ERIKA : Allez, reprenez-vous. Vous ne serez pas un soutien pour Anna si vous vous laissez aller comme ça... Pour le moment, il faut attendre... et elle ne doit surtout pas négliger sa main gauche, elle a toujours eu des problèmes de ce côté-là...
MME SCHOBER (*hoquetant*) :... Et en plus, sa main est

massacrée... vous imaginez une pianiste avec une main mutilée?.... Déjà qu'elle n'est pas une beauté... la seule chose qui la rend attirante, c'est son talent... Nous avons tout sacrifié pour ça!

ERIKA : Vous voulez dire : elle a tout sacrifié.

Mme Schober, qui ne comprend pas, regarde Erika d'un air irrité.

MME SCHOBER : Pardon?

ERIKA : Vous avez dit : «Nous avons tout sacrifié»; c'est Anna qui a tout sacrifié.

MME SCHOBER (*toujours irritée*) : Oui... Oui, bien entendu... (*puis, sanglotant de nouveau*) : Qui a pu faire une chose pareille?.... La police dit que c'est sans doute une autre étudiante... ou un étudiant, qui était jaloux de son succès... Vous pouvez imaginer ça? Qu'on puisse être méchant à ce point?! Elle a mené une vie tellement solitaire... elle ne connaît presque personne, elle n'a même pas d'amis... seulement son piano...

ERIKA (*agacée par les jérémiades de Mme Schober, elle veut en finir*) : Ils vont sûrement le retrouver, ce type.

MME SCHOBER : (*sanglotant violemment*) : On devrait lui couper la main, à ce salaud!

ERIKA (*se lève prudemment pour conclure*) : Bon, madame Schober! Je dois commencer la leçon suivante. Je vais malheureusement devoir vous demander de partir. Dites à Anna que je serais ravie qu'elle vienne me voir de temps en temps quand elle ira mieux. Et qu'elle n'oublie pas de travailler sa main gauche!

MME SCHOBER (*hoche la tête en essayant de se ressaisir*) : Je le lui dirai. Merci, professeur. Elle viendra sûrement vous voir. Elle a tellement d'admiration pour vous!

ERIKA : Au revoir, madame Schober. Courage !
Mme Schober se mouche, s'essuie le visage, et tandis qu'Erika l'accompagne vers la porte, elle demande :
MME SCHOBER (*elle se retourne en partant*) : Qui va remplacer Anna pour le concert, maintenant ?
ERIKA (*après une hésitation à peine perceptible*) : Personne. Aucun élève ne pouvait la remplacer dans les délais. Le directeur m'a demandé de le faire, pour que le chanteur puisse se présenter.
MME SCHOBER (*après une pause tout aussi imperceptible*) : C'est bien. Anna sera contente elle aussi. Merci, professeur.
Gros plan : Erika.

***

Séquence 51 : Une classe du conservatoire
Intérieur/jour
Gros plan : Les mains de Klemmer jouent la partie rapide de cet Andantino qui nous est déjà familier. Au début de la reprise, on entend soudain la
VOIX D'ERIKA : Arrêtez !
Les mains s'arrêtent.
Gros plan : le visage de Klemmer. Il ne bouge pas et regarde droit devant lui.
Gros plan : le visage d'Erika. Elle aussi évite de regarder Klemmer. Silence.
Plan de demi-ensemble : Ils sont tous les deux assis au piano. Erika finit par dire :
ERIKA : Revenez au début !
Elle se racle la gorge pour réprimer une insupportable envie de tousser. Klemmer tourne les pages de sa partition.

ERIKA (*luttant toujours contre la toux)* : Vous n'avez pas l'air de vous intéresser beaucoup aux indications de jeu. Qu'est-ce qui est écrit là ?

Elle tousse en mettant la main devant sa bouche.

KLEMMER : Piano. Con intimissimo sentimento.

ERIKA (*qui semble s'être débarrassée de son envie de tousser*) : C'est exact. Les indications de Schubert vont du cri au murmure, et non de « parler fort » à « parler doucement » ! L'anarchie ne semble pas être votre fort, Klemmer. Pourquoi ne pas vous en tenir à Clementi ? Schubert était un type assez laid, vous le savez, non ? Vous, avec votre physique, vous ne reconnaissez même pas un abîme lorsque vous y tombez.

KLEMMER (*regardant toujours droit devant lui*) : Pourquoi essayez-vous de détruire ce qui pourrait nous rapprocher ?

Silence. Des classes voisines parviennent les sons entremêlés de morceaux de musique joués dans les différents cours.

ERIKA : Le maniérisme n'est pas une panacée...

KLEMMER (*lui coupant la parole*) : Ne voyez-vous pas que je ne peux pas vous regarder ? Je ne peux pas vous regarder. Si je vous regarde, je ne pourrai pas résister à la tentation de vous embrasser dans le cou (*ou* : la nuque.) Puis-je vous embrasser dans le cou, Erika ?

Nouveau silence, avec le son des instruments dans les autres pièces. Puis Erika se lève et va jusqu'à la fenêtre, sur le rebord de laquelle est posée sa sacoche. Elle tourne le dos et Klemmer, comme nous, ne peut pas voir ce qu'elle fait. Soudain, elle doit se racler la gorge à nouveau. Mais le chat refuse de s'en aller et déclenche une quinte de toux sèche. « Préoccupé », Klemmer se lève en hésitant.

KLEMMER : Erika... ?! Vous voulez que j'aille chercher un verre d'eau ?

Mais Erika semble avoir réussi à se maîtriser. Elle se retourne et regarde Klemmer en secouant la tête. En un dernier réflexe, elle garde encore une main devant la bouche. De l'autre, elle prend une lettre. Derrière elle, sur le rebord de la fenêtre, sa sacoche est ouverte. Elle s'avance brusquement vers Klemmer et lui tend la lettre. Elle veut dire quelque chose, mais avec son chat dans la gorge, elle ne produit qu'une sorte de râle.

Klemmer a mis du temps à saisir. Il comprend à présent que c'est la lettre d'amour annoncée et si impatiemment attendue, dans laquelle sa bien-aimée va enfin avouer ce qui pour lui est clair depuis longtemps : qu'elle l'aime à la folie. Comment expliquer autrement cette toux nerveuse en un moment pareil ? Il lui prend la lettre et couvre de baisers passionnés la main qui l'a écrite.

KLEMMER : Merci !

Il tient la lettre d'une main ; de l'autre, lâchant celle qu'il couvrait de baisers, il caresse timidement – dépassé qu'il est par la situation – le corps d'Erika.

KLEMMER : Merci... Quand pourrai-je te voir ?....

Il essaye de l'embrasser, Erika se dégage. Elle tousse de nouveau et retourne à la fenêtre.

KLEMMER : Et où ?

ERIKA (*luttant contre sa toux*) : On se téléphonera...

KLEMMER : Partons quelque part. Ce week-end. Allons à la campagne. Seuls tous les deux...

ERIKA (*paniquée, cherchant un prétexte*) : Ce week-end, je ne peux pas ! Je suis invitée... avec ma mère...

KLEMMER : Eh bien, annule ! Ne pense pas à ta mère, pense enfin à nous... On a tant de choses à rattraper...

ERIKA (*avec un sourire sarcastique malgré sa toux*) : Tu

veux dire : moi? Moi, j'ai tant de choses à rattraper, c'est ça?

KLEMMER (*s'avançant vers elle et tentant de l'enlacer*) : Erika! Ma chérie! Arrête de penser toujours aux autres, à ta mère, à tes scrupules... Tu me parles d'anarchie, et tu veux sacrifier ton amour pour un week-end avec «maman»?! Allez, lâchez-vous un peu, professeur, et autorisez-vous un sentiment, pour une fois!

ERIKA (*qui s'est dégagée*) : Ne sois pas aussi collant!

KLEMMER : Tu tousses seulement parce que tu es trop coincée!

ERIKA (*retenant sa toux, très raide*) : Je n'ai pas de sentiments, Walter, vous feriez bien de vous mettre ça dans la tête. Et même si j'en ai un jour, ils ne triompheront jamais de mon intelligence.

KLEMMER (*il est resté immobile et la regarde*) : Je t'aime... Ne sois pas si lâche!

Erika s'est réfugiée derrière le piano. Elle se tient bien droite, comme si les mots de Klemmer ne pouvaient pas l'atteindre. Elle évite de le regarder et fixe un coin de la pièce.

KLEMMER (*après avoir attendu en vain une réaction*) : Ce que tu m'as écrit, c'est tout aussi lâche?

Erika se retourne et le regarde fièrement, sans rien dire. Klemmer attend un instant, puis va jusqu'au piano qui se trouve entre Erika et lui. Il ramasse la lettre qu'il avait posée dessus.

ERIKA (*d'un ton tranchant*) : N'y touchez pas!.... Pas maintenant... Je veux que vous la lisiez seul... absolument seul...

Ils se regardent un moment dans les yeux, indécis; puis, grâce à l'hésitation de Klemmer, Erika reprend le dessus. Elle montre la partition ouverte et dit d'un air ironique :

ERIKA : Maintenant, collez-vous donc à Schubert,

monsieur Klemmer. C'est la seule chose que vous êtes autorisé à faire dans cette pièce.
Klemmer la regarde, incertain et furieux à la fois. Il finit par céder. Il s'assied au piano. Comme il avance les mains vers le clavier, Erika, avec une douce ironie, répète les indications de Schubert :
ERIKA : « Con intimissimo sentimento ».
Klemmer réfléchit un instant, se demandant s'il doit réagir ou pas, puis il se met à jouer. Et l'Andantino de Schubert comble charitablement le fossé qui sépare les protagonistes de cet amour inégal.
Gros plan : la lettre sur le couvercle laqué noir du Bösendorfer.

***

Séquence 52 : Rue devant chez Erika – Extérieur/nuit
La musique continue (Andantino).
Erika remonte la rue. En plus de sa nouvelle coiffure et des vêtements qu'elle a exhumés du fond de son armoire, elle porte un chapeau extravagant. Mais elle a toujours la même sacoche, d'où elle a extrait, quelques heures auparavant, la lettre destinée à son amant.
La voici arrivée devant la porte ; elle entre dans son immeuble.

***

Séquence 53 : Le vestibule et l'escalier – Intérieur/ nuit
La musique continue (Andantino).
Erika gravit l'escalier. Soudain, derrière elle :
VOIX DE KLEMMER : Erika Kohut !

Erika se retourne brusquement. Fin de la musique. Klemmer, essoufflé, rejoint Erika dans l'escalier. Pendant un moment, ils se font face en silence, puis Klemmer se jette sur elle et essaye de l'embrasser. Ce faisant, il fait presque tomber son chapeau. Elle le repousse et remet son chapeau d'aplomb.

ERIKA : Vous êtes fou ?! Qu'est-ce que vous faites là ?

KLEMMER (*essoufflé, souriant, sûr de sa victoire*) : Je t'ai suivie.

ERIKA (*toujours occupée avec son chapeau*) : J'avais dit qu'on s'appellerait.

KLEMMER : Tu ne peux pas continuer à me rendre fou comme ça, Erika, et ensuite te sauver.

ERIKA : Comment ça, « rendre fou » ?

KLEMMER : Allons quelque part où on pourra enfin se parler en tête-à-tête. S'il te plaît !!

ERIKA (*méfiante*) : Vous avez lu la lettre ?

KLEMMER : Je ne veux pas de lettres. Je veux qu'on se parle !

Erika a fini de rajuster son chapeau et a retrouvé son sang froid.

ERIKA : Je vous conseille de repartir tout de suite, Walter. On ne guette pas dans l'escalier, et en pleine nuit, la femme qu'on prétend aimer. Vous devriez le savoir, malgré votre jeune âge. Alors, si vous tenez à mon affection, disparaissez, et appelons-nous demain pour fixer un rendez-vous. D'accord ?

KLEMMER : Enlève ton chapeau.

ERIKA : Quoi ?

Klemmer s'avance vers Erika et lui enlève prudemment son chapeau à larges bords. Au début, elle se défend. Mais comme elle ne veut pas abîmer sa nouvelle acquisition dans une bagarre aussi absurde que ridicule, elle finit par rester immobile. Son opération terminée, Klemmer approche son visage du sien, mais Erika, au lieu d'embrasser, s'esquive et monte jusqu'à son appartement, sonnant aussitôt à la porte. Triomphante, elle regarde Klemmer resté quelques marches au-dessous. D'abord décontenancé, il la rejoint. Lorsque la mère ouvre la porte, en chemise de nuit, elle reste stupéfaite devant sa fille – qu'elle attendait – et son compagnon inconnu – qu'elle n'attendait pas.

KLEMMER («*bien élevé*») : Bonsoir, chère madame.

La mère toise le jeune homme d'un air réprobateur. Puis elle lance un regard éloquent à sa fille, pour lui enjoindre d'éloigner ce tardif intrus.

ERIKA : J'ai des choses à discuter avec M. Klemmer, maman. (*Comme sa mère refuse de les laisser entrer*) : Nous ne te dérangerons pas. Nous irons dans ma chambre.

LA MÈRE (*après un temps, très calmement*) : Tant que cet appartement sera le mien, nous déciderons ensemble. Et puis je dois te signaler que pour l'instant, cette chambre que tu t'appropries si généreusement est aussi la mienne !

Erika pousse sa mère de côté.

ERIKA (*à Klemmer*) : Venez.

Ils disparaissent dans l'appartement.

***

Séquence 54 : L'appartement des Kohut. Vestibule. Intérieur/nuit

Raccord direct.

Erika entraîne Klemmer vers sa chambre en passant devant sa mère, figée sur place. On entend le son de la télévision dans le salon.

ERIKA (*à sa mère, sans la regarder davantage*) : Si tu t'avises d'entrer dans ma chambre, gare à toi !!
La mère comprend qu'elle n'a aucune chance. Elle referme la porte d'entrée. D'une voix défaillante, elle tente de retenir Klemmer et sa fille qui ont presque atteint la chambre.
LA MÈRE : Mais il n'y a rien à manger ! Je n'attendais pas de visites.
KLEMMER (*en se retournant*) : Merci beaucoup, madame Kohut, ne vous dérangez pas. J'ai déjà mangé.
Et sur ces mots, il disparaît dans la chambre à la suite d'Erika. La porte se referme impitoyablement sur eux. La mère est toujours immobile à l'autre bout du couloir, se demandant si elle a rêvé. Craignant que ce ne soit pas le cas, et après un instant de frayeur, elle se dirige à pas de loup vers la chambre pour connaître la suite de cet événement apocalyptique. Alors qu'elle tend la main vers la poignée, elle entend distinctement, de l'autre côté de la porte, le bruit d'un gros meuble qu'on déplace. Elle essaye d'ouvrir la porte mais ne réussit qu'à l'entrebâiller : de l'autre côté, le meuble la bloque. Après une vaine tentative pour le repousser, prise d'une rage impuissante, elle donne un coup de pied à l'innocente porte. Malheureusement, sa pantoufle en poils de chameau est trop fine et elle se fait mal au pied.

***

Séquence 55 : L'appartement des Kohut – Intérieur/nuit
Raccord direct.
Klemmer et Erika poussent l'armoire devant la porte. Une fois le meuble à sa nouvelle place, ils se regardent, reprennent leur souffle, et Klemmer rit de cette bonne

farce. Erika sourit. Klemmer s'approche d'Erika, l'embrasse et l'entraîne vers le divan. A présent, il ne veut plus attendre. Elle se laisse embrasser pendant un moment, puis se recule.

Erika : Lis d'abord la lettre.

Dérouté, Klemmer la regarde.

ERIKA : Tu l'as toujours, non?

Klemmer, réticent, fait oui de la tête, veut dire quelque chose, mais elle insiste :

ERIKA : Alors lis-la. Maintenant... S'il te plaît!

KLEMMER (*hors d'haleine à force d'excitation*) : Dis donc, tu veux m'achever, ou quoi? Je ne veux pas lire une lettre. Je suis là, tu es là, on est faits de chair et de sang... Arrête d'avoir peur!

ERIKA (*gentille, mais ferme*) : Je n'ai pas peur. Je veux tout ce que tu veux. Je voudrais juste que tu lises la lettre d'abord.

KLEMMER (*après un silence perplexe*) : Et c'est pour ça qu'on a barricadé la porte?

ERIKA (l*e regardant fixement*) : Peut-être.

KLEMMER : (*s'approchant d'elle, à la fois suppliant et impatient*) Erika!

Erika laisse Klemmer la couvrir de petits baisers pendant un moment, puis le repousse doucement, le regarde et insiste encore :

ERIKA : S'il te plaît!

KLEMMER (*avec un sourire irrité*) : Je ne sais pas si ça va m'amuser longtemps...

Klemmer est indécis : s'il cède maintenant, sa virilité va-t-elle en pâtir? Mais devant le regard implorant d'Erika, il finit par la lâcher, se lève et va vers la sacoche de partitions. En retire la lettre. Se retourne vers Erika. Soupèse l'enveloppe, sourit.

KLEMMER : Ça pèse...

Erika sourit à peine. Il veut revenir à côté d'elle sur le divan, mais elle lui désigne un fauteuil juste en face.
ERIKA : Assieds-toi là, s'il te plaît.
Troublé, Klemmer hésite un peu, puis accède à son désir et s'assied. Il la regarde un instant puis déchire l'enveloppe et commence à lire. Erika détourne les yeux, comme si elle avait peur de sa réaction. Klemmer lit pendant un moment puis s'interrompt, troublé, jette un coup d'œil sur Erika qui, évitant son regard, reste assise sur le divan. Puis il se replonge dans la lecture.

***

Séquence 56 : L'appartement des Kohut. Salon. Vestibule. – Intérieur/nuit
Gros plan : la télécommande du téléviseur. La main de la mère appuie sur un bouton et le volume de la télévision monte pendant la musique du générique des informations.
Gros plan : la télévision, avec les informations.
Plan d'ensemble : le salon. La mère. Elle est assise dans son fauteuil de télévision, la télécommande à la main. Le volume est assourdissant. Mais la mère ne prête aucune attention aux mauvaises nouvelles qu'on donne aux informations. Elle regarde en direction de la porte ouverte sur le vestibule, duquel ne parvient aucune réaction au tapage qu'elle fait. Elle rappuie donc sur la télécommande pour remettre le son des informations à un niveau normal. Elle tend l'oreille. N'entend toujours rien. Sur ce, elle coupe complètement le son. Tend l'oreille. Rien. La mère se lève, veut aller vers la porte de fifille, mais les craquements du parquet la retiennent. Elle revient prendre la télécommande, remet le son à un volume normal et, forte de ce camouflage acoustique, elle passe sur la pointe des pieds dans le :

Vestibule, près de la porte de sa fille. Comme elle n'entend rien là non plus, elle colle une oreille contre cette porte qu'elle suppose être celle de tous les péchés. Mais l'armoire ne laisse filtrer aucun râle, aucun soupir : rien.

***

Séquence 57 : L'appartement des Kohut. Chambre d'Erika. – Intérieur/nuit

Gros plan : la lettre. Nous lisons :

... Au contraire, si je t'implore, resserre les cordes, s'il te plaît, ajuste la ceinture d'au moins deux ou trois crans – plus c'est serré, mieux c'est – et en plus, enfonce-moi dans la bouche des vieux bas que j'aurai préparés, enfonce-les si fort que je ne puisse plus émettre le moindre son. Ensuite, enlève ce bâillon, s'il te plaît, assieds-toi sur ma figure et donne-moi des coups de poing dans l'estomac, pour m'obliger...

VOIX DE KLEMMER :... assieds-toi sur ma figure et donne-moi des coups de poing dans l'estomac, pour m'obliger...

Gros plan : le visage de Klemmer.

KLEMMER :... à t'enfoncer ma langue dans le derrière...

Klemmer lève les yeux et regarde Erika sans mot dire. Elle répond à son regard. Après un long moment, Klemmer émet une sorte de crachement haineux : en fait, il essaie de rire pour signifier à Erika son mépris et sa déception. Erika sourit, le regard grave.

KLEMMER : (*après une autre longue hésitation, la voix étouffée pour tenter d'exprimer son mépris*) : Dois-je prendre ça au sérieux?

Erika le regarde sans rien dire.

Tu te moques de moi?... C'est ça?
Erika le regarde sans rien dire.
Tu veux une gifle?
Erika le regarde sans rien dire.

***

Séquence 58 : L'appartement des Kohut. Salon. – Intérieur/nuit

La télévision diffuse à faible volume une série de divertissement.
La mère d'Erika ne la regarde pas. Elle est en train d'ouvrir la vitrine où elle range ses verres, en sort la bouteille de liqueur et un petit verre ad hoc. S'accorde une petite goutte. Puis, toujours debout, bouteille et verre à la main, elle se tourne vers la télé. Tend l'oreille vers le vestibule. S'apitoyant sur son sort, elle s'accorde une autre petite goutte. Finalement, la mère éprouvée referme la vitrine et rapporte la bouteille et le verre jusqu'à son fauteuil. Mais ses grandes oreilles sont tendues vers le vestibule et au-delà, au-delà de l'armoire qui coince la porte, vers le royaume des possibilités infinies, duquel nul bruit ne lui parvient.

***

Séquence 59 : L'appartement des Kohut. Chambre d'Erika. – Intérieur/nuit

A présent, Klemmer est parti sur sa lancée. Phrase après phrase, il lit en imitant la diction d'Erika, exprimant son ironie, son mépris et son dégoût. Erika reste assise, immobile, et regarde Klemmer.
KLEMMER : «... Et réclame-lui tous les doubles des clés... dès à présent, j'attends avec impatience le

moment où tu devras partir d'urgence, et où tu me laisseras ligotée – car tel est mon vœu le plus cher : mains et pieds attachés dans le dos, et enfermée à clé près de ma mère, mais enfin inaccessible pour elle derrière la porte de ma chambre, et cela jusqu'au lendemain. Ne te soucie pas de ma mère, c'est mon problème à moi. Emporte toutes les clés des chambres et de l'appartement, n'en laisse aucune ici ! » (*Il a un rire ironique*) : Tu peux me dire ce que je suis censé y trouver, moi, dans tout ça, hein ?

Erika ne répond pas. Klemmer, furieux, la dévisage. Soudain il se met à crier :

KLEMMER (*hurlant*) : Peut-être pourrais-tu ouvrir ta bouche si cultivée et dire quelque chose sur cette merde, non ? !

Mais Erika ne répond pas. Elle regarde Klemmer qui, fou de rage mais curieux malgré tout, s'est replongé dans la lettre et continue à lire.

KLEMMER : «... Si jamais tu me surprends en train de désobéir à tes ordres, alors frappe-moi, s'il te plaît, même avec le dos de la main, au visage. Demande-moi pourquoi je ne me plains pas à ma mère ou pourquoi je ne te rends pas tes coups. Surtout, dis-moi bien ces choses-là, afin que je sente à quel point je suis impuissante..»

Soudain, on entend la mère qui cogne à la porte d'Erika.

VOIX DE LA MÈRE : Qu'est-ce qui se passe, là-dedans ? (*Pourquoi vous hurlez comme ça ?*) Ouvrez ! Enlevez tout de suite cette armoire !

Klemmer rit de plus belle devant le grotesque de la situation.

KLEMMER : Eh bien voilà ! Tu ne veux pas la faire entrer ? Tu veux peut-être que je te gifle devant elle, c'est ça ?....

ERIKA (*criant*) : Calme-toi, maman !!! Tais-toi et va regarder…

***

Séquence 60 : L'appartement des Kohut. Vestibule. Salon. Chambre. – Intérieur/nuit

Raccord direct. Vestibule.

VOIX D'ERIKA :… la télé… Et arrête ton cirque !

La mère d'Erika continue à tambouriner sur la porte et essaye de la pousser.

LA MÈRE (*légèrement ivre*) : Si tu n'ouvres pas immédiatement, tu le regretteras ! C'est incroyable, ça ! (*hurlant de rage impuissante*) Erika !!! (*Passant à un ton « officiel »)* Vous n'avez donc aucune décence ?! Débarquer en pleine nuit chez des inconnus ! C'est inouï, un culot pareil !

Comme ni ses cris, ni ses tentatives pour ouvrir la porte ne sont couronnés de succès, elle finit par se vexer et abandonner. Légèrement chancelante, mais tenant absolument à garder une contenance, elle revient vers le salon, où la télévision est toujours allumée. Elle n'y prête aucune attention, vide d'un trait son verre de liqueur et repart en titubant, munie du verre et la bouteille, jusqu'à :

La chambre, où sans même allumer la lumière, elle pose l'équipement à liqueur et se laisse tomber sur le lit.

***

Séquence 61 : L'appartement des Kohut. Chambre d'Erika. – Intérieur/nuit

KLEMMER : « Tu devineras facilement les autres délices, plus raffinés encore, auxquels j'aspire. Je n'ose pas les retranscrire ici… » (*Klemmer lève les yeux, acerbe*) : Vraiment ? Oh, là là ! (*Continuant à lire*) : « Cette lettre ne doit pas tomber en de mauvaises mains ». (*Il commente à nouveau*) : J'en ai les larmes aux yeux. (*Reprend la lecture, comme pour en finir*) « Quand je ne pourrai plus bouger, parle-moi de viol, s'il te plaît. !! Mais parle toujours plus que tu n'agiras ! »

Il parcourt la suite en diagonale, récapitule en feuilletant les nombreuses pages qu'il vient de lire, puis laisse retomber la main qui tient la lettre et regarde Erika. Elle est toujours assise en face de lui, le fixant droit dans les yeux. Long silence. Dans le lointain, le son de la télé. Au bout d'un moment, Klemmer franchit de sa main libre l'abîme qui le sépare d'Erika, lui écrase les seins, puis continue à la pincer. Comme Erika ne réagit pas, il s'arrête. Nouveau silence. Erika tire de dessous le lit une vieille boîte à chaussures. Elle l'ouvre, en sort les instruments de torture qu'elle amasse depuis des années et les étale sur le tapis entre Klemmer et elle : des cordes, des chaînes, des pinces à linge, des aiguilles… Elle attend une réaction de la part de Klemmer. Lequel regarde sans rien dire Erika et sa collection d'instruments, un méchant sourire aux lèvres, mal à l'aise. Erika le regarde. Puis elle prend la parole :

ERIKA : Tu es fâché contre moi ?…. J'espère que non… La lettre n'est pas très bien écrite, je le sais (*elle essaye de plaisanter*) : je suis pianiste, pas poète… Et après tout, l'amour repose sur des choses très banales, non ? (*à nouveau sérieuse*) : Tu peux réfléchir tranquillement à tout ça. Tu as mon numéro de téléphone… (*avec une discrète ironie*) : Je te l'ai déjà dit, je veux tout ce que tu veux. (*elle désigne les instruments de torture à ses pieds*) : Il y a tout ce qu'il faut… Voilà !… Mais ça peut aussi attendre demain… n'est ce pas ?…. Tu ne me parles plus ?…. Je te dégoûte, hein ?

Ce n'est pas nécessaire... Ce désir de prendre des coups, je l'ai depuis des années. Je t'ai attendu, tu sais ?.... Ce n'est pas une plaisanterie, ce que je t'ai écrit, tu le sais, n'est-ce-pas ? Dorénavant, c'est toi qui commandes.
(Elle a brusquement une idée, se lève et marche jusqu'à l'armoire) Dorénavant, c'est toi qui choisis ce que je mets, d'accord ? *(Elle ouvre l'armoire et en sort quelques vêtements) :* C'est quoi, ta couleur préférée ? Tu ne me l'as pas encore dit !.... Tu n'es pas fâché, quand même ?!... *(Comme il continue à se taire) :* Dis quelque chose !

KLEMMER (*après une pause, murmurant d'une voix presque atone*) : Je ne m'étais donc pas trompé... Tu n'es qu'une pute... (*Mettant l'accent sur chaque mot*) : Une vieille putain lubrique.

Erika lève un bras devant son visage, comme pour se protéger d'un coup. Puis elle baisse le bras et regarde Klemmer, qui est toujours assis sur sa chaise, les yeux levés vers elle. Elle s'approche de lui et s'agenouille à ses pieds.

ERIKA : Si tu crois que tu dois me frapper, vas-y.

KLEMMER (*après une pause, sans bouger*) : Je ne vais quand même pas me salir les mains.

Erika ravale sa douleur ; seuls ses yeux s'assombrissent légèrement. Elle est tout près de Klemmer et continue de le regarder. Il lui crache au visage. Erika est d'abord comme paralysée. Puis elle doit s'asseoir par terre, car elle a besoin de ses mains pour se nettoyer le visage. Klemmer la regarde de haut, puis jette sur elle la lettre qu'il tenait encore à la main. Enfin, il dit à voix basse :

KLEMMER : Les gens comme toi, on ne les touche même pas avec des gants... (*Et après une longue pause)* : Je te jure que je t'ai aimée. Mais ça, tu ne sais même pas ce que c'est, je suppose. A présent, tu me répugnes, c'est tout…

Silence. Erika a fini de s'essuyer le visage. Comme le silence n'en finit pas, elle relève brusquement la tête et fixe Klemmer droit dans les yeux. Elle est prête à tout accepter et à le laisser s'abattre sur elle comme cette destruction depuis si longtemps désirée. Mais Klemmer s'avance vers l'armoire en disant :

KLEMMER : Oh, et puis merde…

Il pousse l'armoire de toutes ses forces jusqu'à dégager un espace suffisant pour ouvrir la porte. Il prend son porte-musique et s'en va, échappant ainsi à notre regard et à celui d'Erika, restés fixés sur l'entrebâillement de la porte. On entend seulement la porte de l'appartement qui claque en se refermant.

***

Séquence 62 : L'appartement des Kohut. Salon. Chambre. – Intérieur/nuit

Le salon.

Gros plan : le téléviseur. En amorce, Erika. Sa main actionne la télécommande pour allumer l'appareil, qui diffuse un programme de fin de nuit.

La chambre.

Au-dessus du lit, où la mère ronfle bruyamment, on aperçoit le salon par la porte ouverte. Erika entre dans la chambre, éteint la lumière du couloir, ferme la porte, contourne le lit et se couche à sa place habituelle. Reste allongée sur le dos sans bouger, le visage et le corps trempés de sueur, fixant le plafond. La mère semble avoir senti la présence de sa fille jusque dans son sommeil alcoolisé, car elle s'arrête brusquement de ronfler et se réveille. Elle se tourne vers sa fille, qui continue à fixer le plafond, immobile.

LA MÈRE : Tu n'as vraiment plus honte de rien! Qu'est-ce que tu as fait de ce type? Il est toujours dans ta chambre? Ça ne m'étonnerait pas. De toute façon, plus rien ne m'étonne... Mais tu peux faire ce que tu veux... (*Avec un rire méchant*) : A ton âge... (*Profondément indignée*) : Mon Dieu!! C'est pour ça qu'on se sacrifie! Et voilà la récompense... (*De plus en plus affectée par l'alcool*) : Mais continue donc comme ça, tu pourrais ouvrir un hôtel de passe! Ce que pensent les voisins, tu t'en fous, hein? C'est toujours pareil, tu n'en fais qu'à ta tête!

Pendant tout ce temps, Erika est restée immobile sur le lit. Soudain, elle se tourne vers sa mère, se jette littéralement sur elle et se met à la couvrir de baisers. Elle s'agrippe à ses épaules, grimpant peu à peu sur elle, et l'embrasse un peu partout au hasard. La mère tourne la tête de part et d'autre pour éviter les baisers et, tentant de se défendre en un accès de rage désespérée, elle se met à frapper sa fille. Elles lâchent des bouts de phrases incohérents, puis se mettent à crier toutes les deux en même temps :

LA MÈRE : Arrête... Arrête...

ERIKA : Maman chérie... Je t'aime...

LA MÈRE : Arrête immédiatement!.... Arrête!.... Tu es débile, ou quoi?

ERIKA : Ferme-la, je t'aime...

LA MÈRE : Moi aussi, je t'aime, mais maintenant arrête ça tout de suite! Arrête!! Arrête!!! Arrête!!!

Comme sa mère se défend au lieu de lui rendre ses baisers, Erika se met elle aussi à la frapper au visage, doucement, comme pour inciter sa partenaire à respecter enfin les règles du jeu amoureux, le seul résultat étant

que la mère se défend de plus belle et se met à gifler sa fille rageusement. Erika écarte les mains de sa mère et l'embrasse sur le cou et la poitrine. La mère se débat et riposte en hurlant.
LA MÈRE : Arrête ces cochonneries ! Mais tu as perdu la tête ! Tu vas t'arrêter, oui ? !
Mais ce n'est qu'après une longue série de baisers humides sur la bouche et le corps de la vieille femme qu'Erika finit par s'arrêter, couchée sur sa mère, pleurant d'épuisement. Non sans difficultés, la mère fait retomber sa fille à côté d'elle et reste allongée là, haletante.
LA MÈRE : Tu es folle…
Tu es complètement folle, hein ? !
Longue pause : Erika pleure et sa mère reprend progressivement son souffle.
LA MÈRE : Allez, maintenant on dort… Tu devrais économiser ton énergie, ma fille ; le concert a lieu après-demain… et même si tu ne fais que remplacer quelqu'un, il faut que tu sois bien préparée… On ne sait jamais qui peut être dans la salle…
Après quelques reniflements, les pleurs d'Erika se sont calmés eux aussi. Elle est allongée sur le côté, face à sa mère. Soudain, elle tend la main et lui remonte sa chemise de nuit.
La première surprise passée, la mère rabaisse d'un coup sa chemise et se glisse en hâte sous les couvertures encore en désordre à cause de cette joute amoureuse. Après cette action éclair, les deux femmes sont à nouveau tranquillement allongées. Au bout d'un moment, Erika dit :
ERIKA : J'ai vu les poils de ton sexe.
La mère ne dit rien, comme si elle n'avait pas entendu. Immobiles, la mère et la fille sont allongées côte à côte et s'endorment peu à peu.

Séquence 63 : La patinoire. Piste. Vestibule. Vestiaire des hommes. Salle du matériel. – Extérieur/intérieur/jour

Toute la scène est tournée en un seul plan-séquence.

Sur la piste glacée de la salle d'entraînement, Walter Klemmer et son équipe disputent les dernières secondes d'un match de hockey. Au coup de sifflet final, tout le monde se précipite, en poussant des braillements et des cris stridents, vers les vestiaires. Alors que Klemmer arrive en titubant sur le plancher en bois et enlève son casque, il aperçoit Erika, à contre-jour dans le couloir, bousculée par les jeunes hommes en tenue de combat, qui ont du mal à l'éviter dans ce passage étroit. Klemmer marque un temps d'arrêt puis fait semblant de ne pas l'avoir vue et essaye, en se mêlant à la meute des joueurs, de se soustraire à son importun professeur. Mais l'amoureuse ainsi laissée en plan persiste à suivre l'objet de son désir. Et voici qu'elle apparaît soudain sur le seuil sacré des vestiaires pour hommes, où les joueurs commencent déjà à se débarrasser de leurs armures. Au milieu du vacarme des voix, elle crie :

ERIKA : Walter ! Je peux te parler, s'il te plaît ?

Les regards narquois de ses coéquipiers, leurs commentaires (« Walteeer ! Tu as de la visite ! », « Regarde, y'a ton fanclub ! », et « C'est ta petite sœur, Klemmer ? ! »), sont aussi désagréables à Klemmer que la détermination d'Erika – une Erika qu'il n'a jamais vue aussi pâle. Il se décide donc à la suivre, sans avoir pu ôter complètement sa carapace de hockeyeur, et ils se hâtent jusqu'au vestibule, où il ferme la porte derrière lui.

KLEMMER (*raide et distant*) : Qu'est-ce que tu veux ?

ERIKA : Je veux… te parler.

KLEMMER : Eh bien ?

ERIKA (*jetant des coups d'œil désespérés autour d'elle*) : Pas ici, je ne peux pas.

KLEMMER (*lui montrant le chemin*) : Par ici ! (*tout en marchant*) Comment as-tu fait pour me trouver ?
Erika a suivi l'injonction de Klemmer et ouvre la porte de la salle du matériel. Elle regarde à l'intérieur, puis se tourne vers Klemmer, le prend par le bras et l'entraîne brusquement derrière elle dans la
Salle du matériel. Tout est allé très vite. Erika est presque aussi surprise que Klemmer de sa brusque initiative.
La pièce est remplie du matériel d'entretien de la patinoire : balais, pulvérisateurs, bidons de produits chimiques, caisses de sciure, tuyaux d'arrosage, robinets, etc... Très peu d'espace libre. Sur le mur opposé s'ouvre une large porte qui donne sur la piste et par laquelle le matériel peut être transporté directement sur la glace. C'est une porte en accordéon, avec plusieurs vitres en hauteur plutôt poussiéreuses.
Erika et Klemmer sont restés debout à l'entrée. Ils n'ont pas beaucoup de place.
ERIKA (*précipitamment*) : Je t'en prie, pardonne-moi pour la lettre. J'ai été idiote. Je n'aurais pas dû te faire ça... (*essayant de sourire*) : comme ça, de but en blanc... Pardonne-moi. Nous aurions dû parler, comme tu l'avais dit. Pardonne-moi !....
Comme Klemmer ne réagit pas, elle tombe à genoux devant lui et pousse sa tête contre son ventre réticent, à grand renfort de baisers maladroits entre le suspensoir et le reste de la tenue. Gêné, Klemmer recule son bas-ventre et serre les jambes comme un écolier pris en faute.
KLEMMER : Relève-toi tout de suite ! Allez !
Mais Erika se donne du mal, elle veut obtenir sur le champ le pardon de Walter, et tente de l'attirer contre elle. Comme cela tourne à l'empoignade, elle se laisse

glisser sur le sol, s'allonge et lui tend les bras en une pressante invite :

ERIKA : J'ai été stupide. Tu as envie de moi maintenant ? Viens, je t'en prie, viens (sur moi) ! Ça va être merveilleux... Je t'aime... Je ne t'écrirai plus jamais des choses que tu ne veux pas... C'est toi qui me dis ce que tu veux, d'accord ?... Viens... !

KLEMMER (*en même temps*) : Hé, doucement ! Quelqu'un peut entrer d'un instant à l'autre... Calme-toi... ce n'est pas...

Se rendant compte que Klemmer ne veut pas la rejoindre sur le sol, Erika se remet à genoux et commence, aveuglée par l'angoisse, les larmes et la force de ses sentiments, à tripoter son suspensoir. Incapable d'examiner les choses calmement, et ignorant les secrets des tenues sportives, elle ne réussit pas à forcer le coffre-fort. Mais son impatience finit par produire un effet contagieux sur l'obscur objet de son désir, et ce malgré sa réticence initiale. Klemmer prend la panique d'Erika pour un désir flatteur et, saisi qu'il est par l'excitation érotique, entreprend généreusement de lui prêter main forte.

KLEMMER : Attends un peu !....

D'une main experte, il se débarrasse bien vite de l'encombrant obstacle. A présent, Erika pourrait en arriver au vif du sujet, mais ses mains rencontrent, sinon le vide, du moins quelque chose qui n'est pas à la hauteur de ses désirs. Heureusement, les bruits du couloir viennent secourir Klemmer en lui fournissant un alibi : certains de ses coéquipiers ont fini de se changer et quittent le bâtiment en riant aux éclats et en conversant bruyamment.

KLEMMER : C'est pas possible, ici. Je te l'avais dit.

Erika, dans un geste d'apaisement, pose la joue contre son impuissance.

ERIKA : Mais ce n'est pas grave... Je comprends très bien...

Furieux de sa déconfiture, Klemmer se détourne si brusquement qu'Erika, toujours agenouillée, manque de tomber. Mais elle se rattrape sur les mains et finit par se relever. Klemmer s'est détourné, il aimerait bien quitter ces lieux inhospitaliers, mais sa honte n'en serait que plus visible.

Erika tente de maîtriser sa surexcitation en faisant nerveusement les cent pas, mais hélas, le matériel entassé dans la pièce ne lui laisse guère de place.

ERIKA :... Tu crois que je ne sais pas ce qui se passe en toi?.... Je comprends très bien que tu ne veuilles pas nous infliger ça ici... mais ça m'est complètement égal que ces gens nous surprennent ou non... ça ne fait rien, je t'aime...

De sa démarche de tigresse, Erika s'est approchée de lui, l'entoure de ses bras et le couvre désespérément de baisers. Il succombe, ils s'étreignent fiévreusement, au comble du désir, jusqu'à ce que Klemmer, entraînant Erika, se laisse tomber sur le sol couvert de sciure et de saletés. Il presse la tête d'Erika contre sa braguette, rampant à côté d'elle en se rapprochant de la porte.

KLEMMER (*hors d'haleine*) : Viens, recommence...

ERIKA : Oui... oui.

Erika se met en quête de l'objet de leur mutuel désir, mais ce sur quoi elle finit par enfiler une bouche magnanime ne récompense guère leurs efforts à tous deux. Klemmer espère un rétablissement et donne de furieux coups de bélier contre la tête patiente d'Erika, qu'il tient fermement par les oreilles et les cheveux de peur qu'elle lui échappe.

KLEMMER (*toujours hors d'haleine*) :... Je... t'aime... moi... aussi... ça va aller... attends...

ERIKA (*d'une voix à demi étouffée*) :... ça va... ça va... ne te torture pas....

KLEMMER : Je pense... tout le temps... à ta lettre... c'est pour ça que...

Agitant son bas-ventre, il donne des coups de bélier de plus en plus déchaînés contre la tête d'Erika. Il l'a retournée et s'est à moitié allongé sur elle, la dissimulant presque entièrement. Soudain, son activité est interrompue par le bruit d'un haut-le-cœur. Klemmer se fige un instant et lâche les cheveux d'Erika car elle tente de filer en passant entre ses jambes, mais il est déjà trop tard.

Elle réussit seulement à détourner la tête et voilà que le contenu de son estomac jaillit de sa bouche comme d'une fontaine. Elle râle, s'étrangle, s'éloigne de Walter en rampant et recommence à vomir par à-coups. Klemmer s'est assis un peu à l'écart afin de ne pas être, lui aussi, aspergé de vomissure. Les mains crispées contre son ventre, Erika rejette de la bile venue du plus profond de ses entrailles. Au bord de l'évanouissement, elle tente, entre deux spasmes, de rassurer Klemmer :

ERIKA : Ce n'est pas grave... ne regarde pas, Walter... laisse... ça va passer...

Elle reprend peu à peu son souffle. Entre-temps Klemmer s'est relevé, écœuré, est allé jusqu'à la grande porte à l'autre bout de la pièce et regarde dehors. Erika essuie des larmes d'épuisement, voit un robinet près de Klemmer et va se rincer la bouche. A travers la vitre sale de la porte, elle voit la piste où la patineuse de la séquence 38 exécute à nouveau ses figures en solitaire. Au moment où Erika ouvre le robinet, Klemmer se tourne vers elle :

KLEMMER (*après un moment*) : Je dois vraiment te dégoûter... aucune femme ne s'était encore rincée la bouche après m'avoir...

ERIKA (*regardant toujours la patineuse tout en s'essuyant la bouche*) : Excuse-moi... ne le prends pas mal... je ne sais pas ce qui m'est arrivé... ce n'est pas ta faute!... Voilà! Je suis propre!

Elle se tourne vers Klemmer avec un sourire hésitant.

Toute neuve au dedans comme au dehors, comme un bébé! Et tout ça pour toi et grâce à toi, mon chéri... Ça te plaît que je t'appelle «mon chéri»?

KLEMMER : (*se demande si elle ne se fout pas de lui, et affiche un sourire sarcastique*) : Si!.... C'est (absolument) merveilleux...

Elle fait un pas vers lui, l'enlace et dit sans le regarder :

ERIKA : Il faut que tu sois patient avec moi, mon chéri. Je te donnerai tous les noms que tu voudras. Et on jouera à tous les jeux que tu voudras.

Elle l'embrasse. Klemmer se laisse faire, puis il l'écarte lentement, la regarde droit dans les yeux et dit d'un ton dégoûté :

KLEMMER (*posément*) : Tu sais que tu pues atrocement?

Erika blêmit encore un peu plus – pour autant que cela soit possible. Klemmer contemple non sans une certaine satisfaction l'effet produit par sa phrase. Il en sourirait presque.

KLEMMER : Désolé, mais je te le jure : tu pues si abominablement que personne ne peut t'approcher. Un vrai cloaque!

Il la tire doucement par les cheveux pour la faire reculer un peu.

Il vaudrait sans doute mieux, pour toi et pour tout le monde, que tu quittes la ville jusqu'à ce que tu cesses de puer. Peut-être devrais-tu te rincer la bouche plus souvent, et pas seulement lorsque ma queue te fait vomir.

Mais Erika n'entend déjà plus. Complètement paniquée, elle tente de fuir. Comme son chemin vers la porte d'entrée est encombré d'obstacles, elle essaye de sortir par la porte donnant sur la glace. Elle est fermée à clé, mais un des leviers finit par céder et la porte s'ouvre. Erika, laissant Klemmer derrière elle dans l'ouverture de la porte, sort en titubant

SUR LA GLACE.

En arrière-plan, la patineuse évolue au milieu des crissements de patins. Mais les chaussures d'Erika sont faites pour un terrain plus commode, et sa fuite désespérée vers la sortie est jalonnée d'hésitations, de glissades et de chutes rattrapées in extremis. Finalement, Schubert la prend en pitié et son Andantino, qui aurait dû en fait accompagner l'amour d'Erika pour Klemmer, donne à sa honte une certaine dignité et la grâce miséricordieuse du chagrin.

***

Séquence 64 : Appartement Kohut, salle de bains – Intérieur/nuit

La musique continue (Andantino).

Plan demi-rapproché : Erika ferme la porte à clé. Elle nous tourne le dos, comme elle le fera tout au long de la séquence.

Elle tient la boîte à chaussures dont elle avait fait l'offrande à Klemmer lors de sa visite. Elle va vers le lavabo, pose la boîte à côté, l'ouvre, en sort une pelote piquée de nombreuses épingles aux têtes multicolores et la place sur l'étagère au-dessous du miroir.

Elle enlève son peignoir de bain et le dépose à côté d'elle.

Elle commence à se servir des divers instruments de torture domestiques, s'applique des pinces à linge sur les parties molles, puis enfonce des épingles dans les plis de peau soulevés par les pinces. Tout cela nous est suggéré plus que montré, car son dos nous cache le miroir qui reflète l'image de son corps martyrisé.
Et la voilà enfin, sanglotant bruyamment, face à face avec elle-même : une femme endolorie, sanguinolente, grotesquement piquée d'épingles au point d'être presque incapable de bouger.
Plan rapproché : Face au miroir, tout en pleurant à chaudes larmes, elle se rit de sa figure déformée. Enfin elle applique des pinces à linge sur son visage, sur ses lèvres grimaçantes, elle sourit en pleurant – sans bruit, à présent –, et elle est très seule.
La musique arrive à sa fin.

***

Séquence 65 : L'appartement des Kohut – Intérieur/nuit

CHAMBRE.

Plan d'ensemble : Erika dort à côté de sa mère. La respiration des deux femmes souligne le silence. Soudain, on sonne nerveusement à la porte d'entrée.
Plan moyen : Erika se réveille en sursaut et reste un moment immobile, comme paralysée. On sonne à nouveau, elle se tourne vers sa mère qui semble n'avoir rien entendu. Erika finit par sortir de son lit et du cadre.

VESTIBULE.

Erika, en chemise de nuit, allume la lumière. On sonne de plus belle. Elle hésite. Puis, bien qu'elle sache qui est l'impatient, elle demande

ERIKA : Qui est là ?

VOIX DE KLEMMER : Ouvre ! Ouvre tout de suite !

Erika hésite sérieusement à cause du ton de Klemmer. Quand il commence à tambouriner sur la porte, elle met la chaîne de sécurité, entrebâille prudemment la porte et demande d'une voix angoissée :

ERIKA : Qu'est-ce que tu fais là ?

KLEMMER (*furieux*) : Ouvre cette porte, j'ai dit !!

Il commence à secouer la porte puis tente de l'enfoncer, arrachant presque les fixations de la chaîne de sécurité.

ERIKA (*paniquée*) : Tais-toi ! Tu vas réveiller tout l'immeuble ! Je vais t'ouvrir !

Erika enlève la chaîne et tombe presque à la renverse, car Klemmer continue de pousser sur la porte. Il surgit devant elle, essoufflé et trempé de sueur.

KLEMMER : Tu ne me fais plus vivre ça, c'est clair ?

ERIKA (*en même temps, tandis qu'elle se redresse*) : Tu es fou ? Qu'est-ce que ça veut dire ?

Klemmer repousse la porte qui se ferme en claquant.

KLEMMER : Ta gueule, pauvre conne !

Effrayée, Erika se fige sur place. Klemmer poursuit, le souffle court à force d'excitation :

Tout à l'heure j'étais sous ta fenêtre et je me suis masturbé ! C'est ça que tu veux ? Les autres, tu veux les... *(singeant un empereur romain, il tourne son pouce vers le bas ?)* Espèce de salope perverse ! *(se frappant la tempe de l'index avec un rictus ironique) :*

Tu veux refiler ta maladie mentale à tout le monde, hein ? Eh bien, pas à moi ! J'espère que tes oreilles de mélomane ont bien entendu !

Erika est presque émue devant l'indignation du naïf Siegfried.

ERIKA (*conciliante*) : Mais je me suis déjà excusée. Je suis vraiment…

KLEMMER (*l'interrompant en criant*) : Et arrête avec tes excuses à la con !

Entre alors en scène la mère d'Erika : venue de la chambre, elle traverse le salon tout en finissant de boutonner son peignoir.

LA MÈRE (*sur un ton de « vertueuse » indignation*) : Dites donc, votre cirque d'hier soir ne vous a pas suffi ? Ça va devenir une habitude ? Comment osez-vous venir hurler chez les gens en pleine nuit ?

KLEMMER (*hors de lui, hurlant*) : Retournez vous coucher, merde !

ERIKA (*prenant le parti de sa mère*) : Je t'en prie, Walter, ne te conduis pas comme ça…

Mais Klemmer l'a giflée avant qu'elle ait pu finir sa phrase. Atterrée, Erika se tient la joue. La mère n'en revient pas non plus. Klemmer les fixe du regard, ne sachant quoi dire. Puis Erika siffle.

ERIKA : Fous le camp ! Et vite !

Comme le vent semble avoir tourné – Erika ayant réaffirmé l'autorité familiale – la mère s'apprête à se retirer avec un regard méprisant pour l'intrus.

KLEMMER (*triomphant, s'adressant à voix basse à Erika*) : Ce n'est pas comme ça que tu avais imaginé les choses, hein ?

Et avant même qu'Erika ait pu répondre, elle reçoit une deuxième gifle, plus violente que la première. Elle pousse un gémissement étouffé pour ne pas alerter les voisins.

Stoppée net dans sa digne retraite, la mère se retourne, narines frémissantes, vers l'agresseur :
LA MÈRE : Disparaissez ! Et plus vite que ça !
Klemmer ne lui a pas prêté la moindre attention, car il tient Erika par le bras et tente de saisir aussi la main qu'elle presse sur sa joue pour atténuer la douleur. La mère, folle de rage, passe alors à l'action et décroche le téléphone.
LA MÈRE : On va voir ce qu'on va voir ! La police doit bien savoir comment calmer ce genre de...
Mais Klemmer lui arrache le combiné des mains et la repousse dans le salon d'où elle est venue. Son geste est si violent qu'elle tombe à la renverse.
KLEMMER : Ne vous mêlez pas de ça ! Ça ne vous concerne pas.
Tandis que la mère se relève avec difficulté, Klemmer se tourne à nouveau vers Erika :
T'occupe pas d'elle ! On a le temps, toute la nuit s'il le faut. C'est bien ça que tu avais imaginé ?
ERIKA : Non !
KLEMMER : Mais quoi, alors ?
Entre-temps, la mère s'est relevée. Elle tente d'atteindre la porte de l'appartement en passant à côté de sa fille et de l'amant de celle-ci.
LA MÈRE (*se relevant avec difficulté*) : Vous allez le regretter ! Vous croyez que, parce que vous avez affaire à deux femmes seules, vous...
Mais Klemmer, lâchant un instant Erika, repousse brutalement la vieille femme dans le salon, dont il referme la porte à clé.
KLEMMER (*criant à travers la porte*) : Ici, au moins, il y a une clé ! Bravo ! Ça serait bien que votre fille en ait une pour sa chambre, non ?

VOIX DE LA MÈRE (*pleurnichant*) : Aïe ! Oh, mon Dieu ! Oh, mon Dieu ! (*criant*) : Vous n'allez pas vous en tirer comme ça ! Faites-moi confiance !

La mère continue à pleurnicher off, secoue en vain la poignée de la porte et gratte en pure perte le panneau de bois. Klemmer ne lui prête plus attention, car il s'est retourné vers l'objet de sa colère.

KLEMMER : Et voilà ! Au moins un point de réglé ! « Et pour ce qui est de ma mère : ne fais pas attention à elle ». La citation est exacte, non ?

De nouveau, il gifle Erika à toute volée. Elle lève les bras pour se protéger.

ERIKA (*suppliante*) : Pas sur la tête, je t'en prie !

Mais une deuxième gifle est déjà partie, qui la précipite sur le tapis rouge du vestibule.

KLEMMER : Vous tremblez pour votre juvénile beauté, professeur ?

Erika, appuyée sur un coude, porte la main à sa bouche dont l'un des coins saigne.

ERIKA : Ça suffit, mon chéri. Je t'en prie !

KLEMMER : « Donne-moi beaucoup de gifles, mon chéri. Frappe-moi au visage, et frappe fort ! » A votre service, chère madame !

Il se met à genoux devant elle, la relève et la frappe de nouveau au visage avec le dos de la main. Erika retombe en arrière sur le tapis en poussant un cri. Elle se recroqueville en gémissant. Dans la pièce voisine, la mère se met à crier :

VOIX DE LA MÈRE : Arrêtez, espèce d'assassin ! Qu'est-ce que vous faites ?! Au secours ! Au secours !!

KLEMMER *(criant vers la porte)* : Ta gueule, ou je la descends !

Effrayée, la mère reprend ses geignements. Klemmer se retourne vers Erika, étendue sur le sol devant lui.

KLEMMER : « Demande-moi pourquoi je ne me plains pas à ma mère ou pourquoi je ne te rends pas tes coups. N'oublie surtout pas de me demander ça, afin que je sente à quel point je suis impuissante... »
Il l'attire de nouveau à lui et lui donne un coup de poing dans le ventre. Elle se plie en deux avec un hoquet étouffé.
Pourquoi tu ne te plains pas à ta mère ?
Erika n'est plus qu'une pauvre petite chose sanglotante. Dans la pièce voisine, sa mère pleure avec elle. La chemise de nuit d'Erika est remontée. Klemmer voit une partie de son postérieur. Il soulève la chemise, regarde, puis laisse retomber le tissu et, tout en se relevant, dit d'un ton méprisant :
KLEMMER : En fait, tu n'es plus si jeune que ça, hein ? C'est flasque, tout ça, c'est usé ! Pour tes perversions, tu ferais mieux de choisir des gens de ton âge, ou mieux, des gens plus âgés.
D'un mouvement qu'on pourrait dire rhétorique, il s'est un peu écarté d'Erika. Il se retourne soudain et, rapide comme l'éclair, lui donne un coup de pied dans les côtes. Erika pousse un cri strident. Puis elle essaie de s'agripper aux pieds de Klemmer et, presque folle de panique, se met à l'implorer en sanglotant :
ERIKA : Je t'en prie, arrête ! Je t'en supplie ! S'il te plaît ! S'il te plaît ! Épargne-moi. Je n'ai pas voulu ça, je t'en prie !
KLEMMER : Tu voulais quoi, alors ?
ERIKA (*étouffée par la panique et les sanglots*) : Pas ça, pas ça ! C'était autre chose ! Je t'en supplie !
KLEMMER : Dans ce cas, essaie de t'exprimer plus clairement la prochaine fois.

Il lui donne un nouveau coup de pied. Mais Erika glisse et il l'atteint cette fois en pleine figure. Le sang jaillit de son nez. Erika, sous le choc, reste un moment paralysée puis se couvre le visage de ses mains. Quand le sang finit par couler entre ses doigts, elle remonte sa chemise de nuit pour s'en tamponner le visage. Klemmer est d'abord effrayé lui aussi, mais à la vue du bas-ventre dénudé d'Erika, il commence quand même à penser à autre chose.

KLEMMER : Où y a-t-il de l'eau, ici ?

Erika, espérant que ce flot de sang a calmé son tortionnaire et qu'il va s'occuper de soulager sa douleur, dit d'une voix étouffée par la chemise de nuit qu'elle tient pressée sous son nez :

ERIKA : Dans la cuisine.

D'un signe de tête, elle lui indique la direction.

KLEMMER : Ne crois surtout pas m'exciter en exhibant ton corps minable.

Il passe dans la cuisine.

KLEMMER *allume la lumière. Il regarde autour de lui, ouvre quelques placards, trouve un verre, va jusqu'au robinet et laisse couler l'eau qui n'est pas assez fraîche à son goût. Ce faisant, il continue à parler – en élevant la voix – à Erika. Il s'est un peu radouci à présent, le gros de sa colère semble être passé.*

KLEMMER : Je me rends bien compte que tout ça n'est pas très gentil de ma part, mais si tu es sincère avec toi-même, tu avoueras que tu en es aussi un tout petit peu responsable, non ? C'est vrai, Erika, oui ou non ?

VESTIBULE.

Erika perçoit l'exigence d'approbation dans les paroles de Klemmer et s'empresse de répondre.
ERIKA : Oui !
VOIX DE KLEMMER : J'ai raison ?
ERIKA : Oui, Walter.
Erika veut se relever, mais retombe aussitôt. L'effusion de sang l'a mise hors d'état de nuire. Elle garde la tête penchée en arrière. Venant de la pièce voisine, elle entend la
VOIX DE LA MÈRE : Erika ?
ERIKA : Oui ?
VOIX DE LA MÈRE : Comment ça va ?
ERIKA : Ça va, merci.
Une nouvelle fois, Erika tente de se relever. Comme elle n'y parvient pas, elle rampe en direction de la porte du salon. Pendant ce temps, dans la cuisine, Klemmer continue à se justifier :
VOIX DE KLEMMER : Je suis heureux que tu en conviennes. On ne peut pas exciter quelqu'un à ce point, et se réfugier ensuite sur la glace.

CUISINE

Klemmer s'amuse lui-même de son allusion à la déroute d'Erika sur la glace de la patinoire. D'excellente humeur, il donne un coup de pied dans une des portes de placard. Elle s'ouvre d'un coup en faisant tomber la poubelle, pleine d'ordures qui se répandent sur le sol. Klemmer rit. Maintenant, l'eau est suffisamment fraîche. Il boit. Il entend la voix de la mère qui marmonne des phrases incompréhensibles. Il finit de boire, repose son verre, éteint la lumière et revient dans le vestibule.

Là, il voit qu'Erika est en train de se relever en s'appuyant à la porte du salon, qu'elle veut ouvrir pour laisser sortir sa mère. Dieu merci, il arrive juste à temps pour la faire retomber avec une bonne gifle.

ERIKA (*le suppliant à nouveau*) : Pas sur les mains et la tête, je t'en prie !

KLEMMER : Pourquoi fais-tu ça ? Je viens à peine de me calmer, et tu veux déjà me doubler. Sois donc un peu coopérante. Je veux bien apprendre à jouer, madame la Professeur. Mais pas toujours et exclusivement selon vos règles.

VOIX DE LA MÈRE : Arrêtez, maintenant. Ouvrez cette porte ! Laissez-moi sortir, à la fin ! Je ne porterai pas plainte.

KLEMMER (*Imperturbable, à Erika*) : Tu ne peux pas me laisser partir comme ça, madame la Professeur. Je pourrais faire n'importe quoi.. Tout à l'heure, je voulais trucider les cygnes dans le parc, tu te rends compte ? On ne peut pas fouailler au plus profond des gens et ensuite les repousser, madame la Professeur. Alors sois un peu gentille avec moi, d'accord ? Erika ? S'il te plaît !

Il s'est agenouillé à côté d'Erika, baisse la fermeture éclair de son jean et pénètre sans autre forme de procès la chose sanguinolente, étendue sur le tapis rouge en sisal qui lui râpe la peau, muette, fixant le plafond. Après une traversée du désert où il s'active vainement, Klemmer blâme le manque de participation d'Erika :

KLEMMER : Il faut que tu te donnes un peu, quand même. Viens, Erika, allez !

Il lui tapote doucement le visage pour lui extorquer, comme par magie, un soupir.

Ne me laisse pas tout seul maintenant, hein ? Aime-moi... s'il te plaît !

D'une langue avide d'amour, il lèche son visage sanguinolent et continue à la besogner en haletant. De temps à autre, il lui donne de petits coups pour l'encourager, mais Erika ne lui présente rien d'autre qu'un visage immobile, sur lequel la présence de Klemmer n'imprime d'autres signes que ceux de la douleur. Après de nouveaux efforts, Klemmer lui demande tout en la frappant :

Ça veut dire que je ferais mieux de m'en aller?

ERIKA (*gémissant*) : Arrête... je t'en prie... arrête...

Mais Klemmer veut finir ce qu'il a commencé et met les bouchées doubles, le visage rouge de colère. Dans la pièce voisine, la mère, au comble de la fureur, commence à tambouriner contre la porte, ayant bien compris ce qui arrive à sa fille.

VOIX DE LA MÈRE : Arrêtez ! Arrêtez !! Arrêtez !!!!

Klemmer accélère le rythme. Il atteint enfin son but et tire droit dans la cible. Sans reprendre son souffle, il s'essuie promptement avec un mouchoir en papier qu'il jette, petit paquet mouillé, sur le sol à côté d'Erika.

KLEMMER : Je te prierai de ne raconter ça à personne. D'ailleurs, c'est dans ton propre intérêt. Tu n'aurais pas dû me provoquer comme ça. Aucun homme ne se laisse humilier sur ces choses-là... « Quand on joue avec le feu... », n'est ce pas ?! Bon, eh bien à la prochaine, il faut que j'y aille, maintenant... Au fait... si je puis me permettre : ce n'est pas bon, deux femmes qui restent seules ensemble comme ça... Tu devrais voir plus de monde. (*se penchant vers Erika, toujours immobile sur le sol*) : Tu as besoin de quelque chose ?.... Ça va aller ! (*plaisantant maladroitement*) : Plaie d'amour n'est pas mortelle ! Allez, salut !

Et la porte d'entrée se referme derrière lui. Erika reste

immobile sur le sol. La mère semble avoir entendu la porte se refermer, car elle appelle depuis le salon :
VOIX DE LA MÈRE : Il est parti ? Erika ? Dis quelque chose !! Il est parti ? Erika !!!! Ouvre-moi ! Ça ne va pas ?!! Dis quelque chose, bon sang !!
Erika reste encore allongée un moment, sans rien dire, puis se traîne jusqu'à la porte du salon, tourne la clé dans la serrure et s'assied par terre, appuyée contre le chambranle. La mère accourt.
VOIX DE LA MÈRE : Mon Dieu ! Ma fille ! Dans quel état tu es !
Elle s'agenouille à côté d'Erika, mais la voyant immobile, le regard fixe, elle n'ose pas vraiment la toucher. Elle lui caresse doucement la joue.

Qu'est-ce qu'il t'a fait, ce salaud ?!.... Attends !.... (*Elle se relève*) : Je vais chercher de l'eau.

Elle sort du cadre. Nous l'entendons aller dans la cuisine, y remuer des objets, faire couler de l'eau. Pendant tout ce temps, Erika reste assise sans bouger. Une fois seulement, elle essuie de son avant-bras la morve qui ne cesse de lui couler dans la bouche.
VOIX DE LA MÈRE :... Je sais que c'est terrible, ma petite, mais ne t'en fais pas. Tu verras, demain ça ira déjà un peu mieux... Je ne sais pas s'il faut porter plainte... Tu sais, il n'y a pas de fumée sans feu... Et... après tout, c'est toi qui l'as laissé entrer... mais ne te fais pas de souci... La première chose à faire, c'est de te remettre de tout ça... et puis, tu sais, il y a d'autres hommes sur terre... c'est vrai, tu devrais sortir davantage... Là, il a raison... passer ton temps avec une vieille femme comme moi, ce n'est pas bon... et puis tu as tellement d'occasions, avec ta

musique ! Fais-toi confiance : vois de nouvelles têtes, change un peu de décor…
La caméra, pendant ce temps, est passée en travelling d'un plan large à un gros plan du visage d'Erika. Plus elle se rapproche, plus les paroles de la mère passent au second plan et cèdent la place à un silence dans lequel on entend seulement, plus fort que dans la réalité, le bruit de l'eau qui coule.

***

Séquence 66 : L'appartement des Kohut. Cuisine. Vestibule – Intérieur/jour

CUISINE.

Toujours le bruit de l'eau qui coule.
Gros plan : la main d'Erika ouvre un tiroir et y prend un grand couteau de boucher qu'elle glisse dans sa sacoche, avec la partition du « Voyage d'hiver » de Schubert.
VOIX DE LA MÈRE (*criant depuis le couloir*) : Allez, dépêche-toi. On va rater le tram.
VOIX D'ERIKA (*criant elle aussi*) : J'arrive, je bois un verre d'eau !
Plan d'ensemble : Erika referme sa sacoche, ferme le robinet et passe dans le vestibule.
Sa mère attend déjà sur le seuil de la porte. Elle a mis sa tenue de concert. Erika est habillée de la même façon que pour le récital chez les Blonsky (séquences 11-13) : une longue jupe en velours noir et un chemisier en soie beige. Elle a le nez légèrement tuméfié ; les bleus sur son visage et l'entaille au coin de ses lèvres sont habilement dissimulés sous le maquillage.

LA MÈRE : Ne sois pas si nerveuse. Tu ne fais que remplacer quelqu'un.
Comme le temps est plus doux, Erika n'a pas mis son manteau à col de fourrure, mais décroche de la patère une étole foncée et sort de l'appartement avec sa mère. On entend celle-ci tourner deux fois la clé dans la serrure.

***

Séquence 67 : Konzerthaus – Extérieur/Crépuscule
Les lumières au-dessus de l'entrée scintillent dans la lumière déclinante du crépuscule. Les affiches du concert de fin d'année. Des taxis et des voitures particulières déposent des spectateurs en habits de soirée. Nerveux, les parents des musiciens discutent en petits groupes en attendant l'arrivée d'autres membres de la famille. On se salue.
Erika et sa mère arrivent dans le cadre et se dirigent d'un pas décidé vers la grande porte, entrant dans le foyer où brille l'illumination des grands jours.

***

Séquence 68 : Konzerthaus. Foyer – Intérieur/nuit
Au milieu de la cohue, Erika dépose au vestiaire la veste de sa mère. Puis elle balaye la pièce du regard, cherchant quelqu'un. Près de l'escalier, sa mère discute avec Fritz Naprawnik, l'élève que nous avons déjà vu dans les séquences 2, 5, 23 et 24. Erika les rejoint.
NAPRAWNIK (*«surpris», interrompt en sursautant sa conversation «animée»,*) : Oh, bonsoir, professeur.
ERIKA (*plutôt distante, regardant autour d'elle d'un air «distrait»*) : B'soir, Fritz.

NAPRAWNIK (*cherchant à la flatter*) : J'ai hâte d'entendre le Schubert. C'est justement ce que je disais à madame.
ERIKA (*comme précédemment*) : Bon.
LA MÈRE *(à Erika)* : Je crois que je devrais aller m'asseoir... Nous sommes presque en retard, ça commence dans huit minutes. Et toi, tu devrais aller te concentrer un peu.
ERIKA : Oui. Viens, je monte avec toi.
Alors qu'Erika, d'un hochement de tête, veut prendre congé de son élève qui s'apprête à entrer dans la salle, elle le voit faire un signe de la main à quelqu'un. Quand elle réalise de qui il s'agit, il est déjà trop tard pour éviter la rencontre : Anna Schober et sa mère, ravies, se frayent un chemin vers nous parmi la foule. Pendant que Naprawnik salue Anna.
NAPRAWNIK : Salut, Anna. C'est vraiment super que tu sois venue quand même. Alors que tu ne joues pas. Comment ça va, ta main ? Mieux ?
et qu'Anna répond avec un sourire gêné et douloureux :
ANNA : Oui, ça va, merci. Salut.
Mme Schober s'est précipitée sur Erika.
MME SCHOBER (*en même temps*) : Bonsoir, professeur ! Quelle bonne surprise de vous voir avant le concert ! Alors, qu'est-ce que vous dites de notre petite malchanceuse ?.... (*elle se tourne vers Anna pour la «présenter»*) Elle a du caractère, non ?! Elle a insisté pour venir aujourd'hui, parce que c'est vous qui jouez !
Anna est gênée par le numéro exécuté par sa mère devant ce professeur qu'elle admire tant. Elle jette un coup d'œil timide à Erika puis détourne pudiquement le regard.
ANNA (*à voix basse*) : Bonsoir, madame.

Elle hésite un instant, veut tendre à son professeur sa main gauche, celle qui n'est pas bandée. Elle esquisse le mouvement, mais Erika, elle aussi, est mal à l'aise, et ne fait qu'amorcer un geste avant de revenir s'agripper à son sac.

ERIKA : Bonsoir, Anna, comment ça va ?

Le malaise est vite oublié, car Mme Schober s'empresse d'en créer un nouveau.

MME SCHOBER (*à la mère d'Erika*) : Excusez-moi, permettez-moi de me présenter : je suis Mme Schober. (*montrant Anna*) : Et voici ma fille Anna.

La mère d'Erika répond d'un hochement de tête, à la fois arrogante et curieuse.

ERIKA (*forcée d'intervenir*) : Oh, pardon ! Je vous présente ma mère.

MME SCHOBER (*tendant la main à la mère d'Erika*) : Enchantée. Vraiment. Vous devez être très fière de votre fille.

LA MÈRE (*en même temps*) : Enchantée. Pourquoi fière ? Ce n'est qu'un concert d'école. Elle doit remplacer une de ses élèves. Je crois qu'il faut y aller...

MME SCHOBER : L'élève en question, c'est ma fille. Où êtes-vous placée ?

La mère d'Erika montre son billet, que Mme Schober compare au sien.

MME SCHOBER : Ah, on est juste à côté ! (*Consultant sa montre*) : Oui, il est tard, on devrait monter. Puis-je me joindre à vous ? Viens, Anna !

LA MÈRE (*à Erika*) : Allez, ma fille. Je monte avec Mme Schober. A tout à l'heure ! Je te dis « Merde ! » (Tu sais ce que je te dis...)

Erika a suivi la conversation d'une oreille distraite, observant « mine de rien » la foule sans cesse plus nombreuse qui entre dans la salle. Elle se tourne brièvement vers sa mère.

ERIKA : D'accord, maman. A tout à l'heure. Bon concert.

MME SCHOBER : Au revoir, Mme Kohut. Ravie de vous avoir vue.

ERIKA : Au revoir. (*à Anna et Fritz, qui se disent également au revoir*) : Au revoir, Anna.

LA MÈRE (*à Mme Schober, en s'éloignant*) : Mais qu'est-il donc arrivé à votre fille ?....

Le petit groupe se mêle à la foule qui se presse pour entrer dans la salle. Le vestiaire est maintenant presque vide. On entend les musiciens du sextuor qui se produit en premier accorder leurs instruments.

Après avoir pris congé de tout le monde, Erika s'éloigne en hâte comme si elle se dirigeait vers le vestiaire des musiciens, mais elle s'arrête derrière le socle du monument à Beethoven et attend.

Elle regarde le foyer se vider peu à peu. Il y a de moins en moins de monde. Erika a toujours les mains crispées sur son sac, recouvert de son étole pliée.

Soudain, Klemmer, la famille Blonsky et quelques autres jeunes gens pénètrent en courant dans le hall, visiblement de très bonne humeur. Ils se précipitent vers le vestiaire en riant : («Dépêchez-vous, il n'y a plus personne dehors ! », « Ils sont déjà en train de s'accorder ! », « Quelle heure est-il ? », « Si tu n'avais pas tant traîné, on n'aurait pas besoin de courir ! », « Arrêtez de piailler et enlevez plutôt vos manteaux ! »

Erika, qui a glissé une main dans sa sacoche, sort de derrière le monument et s'approche des arrivants :

MME BLONSKY : Ça alors, quelle surprise ! Bonsoir !

(*elle appelle son mari*) Georg ! Regarde qui est là... Le professeur Kohut !

DR BLONSKY : (*en train de tendre son manteau au vestiaire, il reconnaît Erika et crie dans sa précipitation*) Oh ! Comment allez-vous, très chère ?! (*à sa femme*) : Dépêche-toi, Gerda, ils ne vont pas nous attendre. Donne-moi ton manteau.

MME BLONSKY (*avec un sourire entendu, prenant congé « en hâte »*) : Les hommes ! Toujours pressés ! Vous connaissez ça, hein...... Bonne soirée. (*pressant le pas*) Au revoiiiir !

Klemmer se tient au milieu d'un groupe de jeunes gens. En entrant dans le hall, il a passé en riant son bras autour des épaules d'une jeune fille pour l'aider à enlever son manteau ; tandis qu'il arrive au vestiaire et dépose les manteaux, il hèle Erika d'un ton enjoué :

KLEMMER : Mes hommages, professeur ! J'ai hâte de vous entendre jouer !

Puis il récupère les tickets de vestiaire et, devançant les autres, se précipite vers la porte de la salle, où retentissent déjà des applaudissements, tout en criant :

KLEMMER : Dépêchez-vous, ils ne vont pas nous attendre !

Le petit clan lui emboîte le pas en hâte. On ferme les portes de la salle, et les applaudissements diminuent lentement. Erika est toujours debout au même endroit. Elle tourne la tête de côté, forçant le mouvement, montrant les dents comme un cheval malade. Elle attend. Mais personne ne lève la main sur elle, personne ne la délivre de quoi que ce soit. Elle tient toujours le couteau à l'intérieur de sa sacoche et maintenant, dans le silence qui précède le début du Sextuor de Brahms, elle le sort et frappe. Le couteau doit lui transpercer le cœur et s'y retourner! Mais elle n'a plus la force nécessaire, et sans le moindre élan de colère, de fureur ni de passion, Erika Kohut plante le couteau dans son épaule, d'où le sang jaillit aussitôt. Elle range le couteau dans son sac. Erika pose une main sur la blessure. Personne ne l'a vue faire. Elle se dirige vers la sortie.

Séquence 69 : Konzerthaus – Extérieur/nuit

La grande porte d'entrée toute illuminée. Maintenant, l'endroit est à nouveau désert. La nuit est tombée, ce qui fait ressortir les rais de lumière venant des portes du foyer. Lointaine rumeur de circulation.

Erika sort et quitte le cadre d'un pas rapide.

De temps à autre, quelques passants, une voiture. Des spectateurs en retard arrivent en courant (la femme manque de perdre son étole) et disparaissent dans le foyer.

Au bout d'un moment, le générique de fin.

***

Interprétation

Erika Kohut	ISABELLE HUPPERT
Walter Klemmer	BENOÎT MAGIMEL
La mère	ANNIE GIRARDOT
Anna Schober	ANNA SIGALEVITCH
Mme Schober	SUSANNE LOTHAR
Dr. Blonsky	UDO SAMEL

Liste technique principale

WEGA FILM, MK2 SA, LES FILMS ALAIN SARDE
présentent
une coproduction franco-autrichienne avec
ARTE FRANCE CINÉMA

Avec la participation de :
ÖFI - WFF - ORF - EURIMAGES - ARTE / BR - CANAL +
CENTRE NATIONAL DE LA CINEMATOGRAPHIE

Scénario et réalisation	MICHAEL HANEKE
D'après le roman de	ELFRIEDE JELINEK aux éditions ROWOHLT VERLAG
Producteurs	VEIT HEIDUSCHKA, MARIN KARMITZ et ALAIN SARDE
Producteurs exécutifs	MICHAEL KATZ pour MK2 : YVON CRENN assisté de NATHALIE KREUTHER pour LES FILMS ALAIN SARDE : CHRISTINE GOZLAN
Image	CHRISTIAN BERGER BVK
Son	GUILLAUME SCIAMA, JEAN-PIERRE LAFORCE
Montage	MONIKA WILLI, NADINE MUSE
Décors	CHRISTOPH KANTER
Costumes	ANNETTE BEAUFAŸS
Casting	MARKUS SCHLEINZER, KRIS PORTIER DE BELLAIR, ANTJE HOCHHOLDINGER

Maquillage	Thi Loan Nguyen, Ellen Just, Françoise Andrejka
Coiffeuse	Fabienne Bressan
Directeurs de production	Michael Katz, Gebhard Zupan
Coordination de production	Ulrike Lässer
Régisseur général	Roman Haschberger
Premier assistant réalisateur	Hanus Polak jun.
Seconds assistants, scriptes	Katharina Biro, Fritz Noltmann
Conseiller musical	Martin Achenbach
Steadicam	Jörg Widmer, Stefan Bibl
Premiers assistants opérateurs	Bernhard Pötscher, Gerald Helf
Perchman	Dominique Eyraud
Monteurs adjoints	Alarich Lenz, Monica Parisini, Yannick Coutheron
Accessoiriste	Katrin Huber
Coordinateur effets spéciaux	Laszlo Kovacs
Chefs électriciens	Wolfgang Vince, Hansjörg Kirchmair
Machiniste / Dolly	Wolfgang Lederer
Chef constructeur	Fritz Martan

Achevé d'imprimer en Juillet 2001
par Imprimerie Darantière, à Quétigny
Dépôt légal : Juillet 2001
N° d'impression : 21-0905